Wie scalpe ich den Mini-DAX-Future?

Heikin Ashi Trader

Splendid Island

Impressum

© 2021 Heikin Ashi Trader

1. Auflage 2021
Published by Splendid Island, Ltd
Rua Correia Teles, 28 A
1350-100 - Lisbon
Portugal

Inhaltsverzeichnis

Die EUREX führt den Mini-DAX-Future ein

Als die Deutsche Derivatebörse Eurex am 28. Oktober 2015 einen **Mini-Futures-Kontrakt** (Kürzel: FDXM) auf den **DAX** einführte, lag es für mich auf der Hand, dass ich die Heikin Ashi Scalping-Methode auch in diesem Instrument versuche. Zwar ist die Heikin Ashi-Methode eine universelle Herangehensweise, die auf allen Märkten angewendet werden kann; dennoch hat jeder Markt Eigenheiten, die man erst kennen lernen muss. Ich finde es immer reizvoll, mich einem neuen Future hinzuwenden, um zu sehen, ob ich den Markt mit meiner Methode schlagen kann.

Dank der Einführung des Mini-DAX-Futures bekommen Privatanleger mit kleineren Konten nun auch die Möglichkeit den deutschen Index DAX zu professionellen Konditionen zu scalpen. Bislang waren sie gezwungen gewesen auszuweichen, entweder auf den Forex-Markt oder auf die amerikanischen Mini-Futures wie E-Mini oder Mini-Dow. Diese können aber nur am europäischen Nachmittag sinnvollerweise gehandelt werden. Der große DAX-Future, der FDAX, ist für die meisten Privat-Anleger und Trader schlicht eine Nummer zu groß. Dies ist bei aktuellen DAX-Ständen von über 10.000 Punkten (Stand Januar 2016) ganz sicher der Fall. Zu dieser Einsicht ist schließlich auch die Derivatenbörse Eurex gekommen und kündigte im Oktober 2015 die Einführung des Mini-Kontraktes an.

Der Kontraktwert beim großen FDAX liegt bei 25 Euro pro Indexpunkt. Wer eine Position mit einem engen Stop-Abstand von 10 Punkten traden will, riskiert hier schon 250 Euro. Sinnvollerweise sollte ein Trader dies erst mit einem Konto von 25.000 Euro, besser noch 50.000 Euro, versuchen.der Mini-DAX-Future bekam aber eigene Kontrakt-Spezifikationen. Der Kontraktwert ist hier lediglich 5 Euro pro Indexpunkt. Der Mini-DAX ist somit nur ein Fünftel des FDAX-Futures groß. Die minimale Preisveränderung liegt nicht wie beim großen Kontrakt bei 0,5 Punkten sondern bei einem Indexpunkt. Ein Trader, der seine Position mit einem Stop von 10 Punkten absichert, riskiert also nur 50 Euro. Meiner Meinung nach kann er dies bereits mit einem Konto von 5000 Euro versuchen.

Durch die minimale Preisveränderung von einem Indexpunkt ist der Mini-DAX etwas „teurer" als der FDAX. Aber für den Mini wird lediglich ein Drittel der Margin-Anforderung gefordert (Sicherheitsleistung, die ein Trader auf seinem Konto zum Kauf eines Kontraktes zur Verfügung haben muss). Aktuell sind dies intraday 1750 Euro. Auch die Börsengebühr beträgt nur 0,20 Euro pro Lot statt 0,50 Euro beim FDAX. Obwohl der Mini-DAX-Future noch ein sehr junger Markt ist, wurde er von den Anlegern weltweit mit großem Interesse begrüßt. Zwar orientiert sich der Mini-DAX-Future am bekannten „großen" Kontrakt, dem FDAX, die Eurex geht aber davon aus, dass dieses Interesse weiter wachsen wird, sobald die internationale Trader-Community auf dieses Instrument aufmerksam wird.

Wenn auch vermehrt „größere Adressen" einsteigen, könnten schließlich auch vom „Mini" Impulse für die Marktrichtung ausgehen. Auf Bild 1 sehen Sie einen Screenshot des Orderbuchs vom 9. Februar 2016.

Bild 1: Orderbuch Mini-DAX-Future vom 9. Februar 2016

	8860	6
	8859	7
	8858	9
	8857	9
	8856	10
	8855	10
	8854	21
	8853	29
	8852	2
	8851	1
	1 @ 8850	
1	8849	
8	8848	
6	8847	
42	8846	
8	8845	
9	8844	
7	8843	
3	8842	
4	8841	
6	8840	

Deutschland, ein Paradies für „innovative" Finanzprodukte

Der DAX ist mit Abstand das beliebteste Trading-Vehikel der deutschen Trader. Man handelt nun mal gern das, was man „kennt". Wie es mit dem DAX steht, erfahren Sie tagtäglich in allen Medien. Kein Wunder. Fasst er doch die Kursentwicklung der 30 wichtigsten deutschen Unternehmen zusammen. Bekannte Aktien im DAX sind: Volkswagen, Daimler, BMW, Siemens, Adidas, Bayer, BASF, SAP und Lufthansa.

Dass Trader am liebsten den heimischen Index handeln, gilt im Übrigen für die meisten Länder. Die französischen Trader handeln am liebsten den französischen Index **CAC40**, die englischen Trader den englischen **FTSE100** und die Holländer traden eben den holländischen **AEX**. Es ist ein natürlicher Reflex. Der heimische Index scheint ein gewisses Gefühl von Vertrautheit oder gar Sicherheit zu geben. Dennoch sollte die scheinbare Vertrautheit in meinen Augen nicht das ausschließliche Kriterium für die Wahl eines geeigneten Trading-Vehikels sein. Viel wichtiger scheint mir die Frage, ob sich ein Trader diesen oder jenen Kontrakt „leisten" kann. Wie bereits erwähnt hatten die deutschen Trader bis zur Einführung des Mini-DAX-Futures das Problem das für „Ihren" Index-Future für den Kauf eines einzelnen Kontraktes immerhin eine Intraday-Margin von 9000 Euro (oft sogar noch viel mehr) vom Broker verlangt wurde. Die Franzosen haben es da schon viel besser.

Für den CAC40 sind es pro Kontrakt lediglich 2000 Euro. Wer etwas differenzierter traden wollte, zum Beispiel mit 2 oder 3 Kontrakten, brauchte im FDAX schon ein Konto in der Höhe von 30.000 Euro. Weil diese Summe für viele deutsche Anleger zu hoch war, wichen sie auf andere Instrumente aus, um den DAX traden zu können. Kein Wunder, dass seit der Einführung des Online-Handels gerade die Deutschen Banken bezüglich der Entwicklung „innovativer Finanz-Instrumente" besonders kreativ wurden. Sie haben sich in den letzten 20 Jahren damit eine goldene Nase verdient.

Ende der 90er Jahre waren die **Optionsscheine** das favorisierte Instrument, mit dem deutsche Anleger auf den DAX (und dessen Aktien) spekulieren konnten. In den Nullerjahren wurden diese dann teilweise von einer Flut an **Zertifikaten** verdrängt, die meistens auch von Banken emittiert wurden. Diese Papiere sind Schuldverschreibungen die über „derivative Komponenten verfügen". Ein Zertifikat auf den DAX folgt dann der Wertentwicklung des Indexes mit oder ohne Hebel. Dank der raschen Verbreitung der Computer-Technologie entwickelte sich gerade in Deutschland ein blühender Zertifikate-Markt. Anleger hatten die Auswahl aus hunderten Papieren, die allein schon auf den DAX ausgerichtet waren. Für jeden Geldbeutel und für jede Risiko-Neigung war etwas dabei. Von „konservativ" bis zu hoch-spekulativ mit Total-Ausfall (Knock out!) konnte auf alles, was sich am Markt bewegt, spekuliert werden. All diese Instrumente hatten allerdings einiges gemeinsam.

Meistens mussten recht hohe Kommissionen bezahlt werden, die Spreads (die Differenz zwischen An- und Verkaufspreis) waren deutlich höher als im Basiswert und die Ausführung ließ trotz redlichem Bemühen der Emittenten oft zu wünschen übrig. Anders ausgedrückt: die Anleger zahlten drauf und die Banken konnten an der Spekulations-Sucht der Deutschen Milliarden verdienen.

Seit einigen Jahren gibt es eine nächste Welle der Innovation zu beobachten. Wie Pilze schossen neue Broker aus dem Boden, die sogenannte **CFDs** im Angebot hatten. CFD steht für „Contracts for Differenz", also Differenzkontrakte, mit denen ein Anleger ebenfalls von Kursschwankungen von Aktien und Märkten (also auch vom DAX) profitieren konnte. Diesmal standen bei der Entwicklung des Produktes nicht die deutschen Banken Pate, sondern die Großbank UBS in London. Die CFDs wurden dort bereits in den 1980er Jahren entwickelt, um die britische Stempelsteuer zu umgehen. Der Trader handelt CFDs außerbörslich (OTC – oder Over The Counter) direkt mit dem Anbieter und umgeht somit die Steuer von 0,5 %.

Im Gegensatz zu den meisten Derivaten halte ich CFDs für eine echte Innovation. Entscheidend ist aber, dass die Spreads den realen Marktpreisen (z.B. Reuters-Kursen) entsprechen. Prüfen Sie also erst, ob dies der Fall ist, bevor Sie sich für einen CFD-Broker entscheiden. Gerade bei CFDs auf den DAX-Index oder auf den DAX-Future sollte der Spread 1 Punkt oder weniger sein, sonst lohnt sich der Handel intraday nicht. Verlangt der Broker eine kleine Kommission für den Handel mit CFDs ist dies eher von Vorteil. Viele CFD-Broker bieten kommissionslosen Handel an. Wenn man das Angebot dieser Broker aber genauer anschaut, stellt man fest, dass die Spreads viel größer sind als die tatsächlich am Markt gehandelten. Am Ende zahlen Sie als Kunde drauf, denn die Konditionen sind in der Regel besser wenn Sie eine Kommission bezahlen müssen. Der eigentliche Prüfstein ist immer, welche Kurse Sie bekommen, wenn die Volatilität am Markt höher wird. Gerade im Umfeld wichtiger Wirtschaftsnachrichten erleben Trader, die sich für den kommissionslosen Handel entschieden haben, manchmal ihr blaues Wunder. Schauen Sie also immer auf die Gesamt-Rechnung!

Vorteile des Futures-Handels

Es ist verständlich und sogar sinnvoll, wenn sich Anfänger zunächst für ein CFD-Konto oder ein Forex-Konto entscheiden. Mit diesen Instrumenten kann man erstmal Erfahrung sammeln und eine eigene Strategie entwickeln. Das tut man in der Tat besser mit kleinen Summen. Früher oder später wird sich jeder ambitionierte Trader die Frage stellen müssen, ob und wie er sich weiter professionalisieren kann. Gewiss, auch mit CFDs und mit Forex kann man ein professioneller Trader werden. Denn schließlich hängt es vor allem von der disziplinierten Durchführung einer einmal gewählten Strategie ab, ob jemand dauerhaft Geld verdient an der Börse. Dennoch sollte sich in meinen Augen jeder Trader das Futures-Universum genauer anschauen. Denn hier findet er das fairste (und billigste) Instrument vor, mit dem man an den Finanzmärkten agieren kann. Im Gegensatz zu den oben genannten Trading-Instrumenten werden Futures an einer regulierten Börse gehandelt. Das hat viele Vorteile, von denen ich hier die wichtigsten nennen möchte.

Futures sind Verträge, die von einer Derivatenbörse ausgegeben werden. Es gibt also einen zentralisierten Markt, an denen diese Kontrakte gehandelt werden. Sie können zum Beispiel den Mini-DAX-Future ausschließlich an der Eurex in Frankfurt handeln. Da die Terminmärkte stark reguliert sind, sind sie auch 100 % transparent. Jeder Marktteilnehmer verfügt über die gleiche Information. Es gibt von daher auch keine Market

Maker, die die Kurse in die eine oder andere Richtung jagen könnten.

Futuresmärkte verfügen meistens über eine **hohe Liquidität**. Die Spreads sind von daher denkbar klein. Außerdem gehören die Gebühren im Futures Handel zu den niedrigsten, die Sie finden können. Das macht Futures zu den besten Finanz-Instrumenten für einen aktiven Anleger oder Trader. Sie werden die meisten professionellen Trader von daher am ehesten an den Futures-Börsen antreffen.

Dank der hohen Liquidität werden Sie solchen Phänomenen wie Slippage (mangelnde Effizienz bei der Orderdurchführung) an einer Futures-Börse kaum begegnen. Da das Volumen hoch ist, wird Ihre Order meist sofort ausgeführt. Dies gilt insbesondere auch für Stop-Orders. Diese werden fast immer zu dem von Ihnen gewählten Preis ausgeführt. Slippage bei Stops gehören ebenfalls zu den „versteckten Kosten", die Sie bei den oben genannten Finanz-Instrumenten leider oft erleben werden.

Die Bedeutung der guten Ausführung kann nicht genug betont werden, gerade für Scalper. Wenn Sie in Sekundenschnelle entscheiden müssen, ob Sie im Markt bleiben oder die Position sofort schließen möchten, wollen Sie sich keine Gedanken machen müssen, ob es diesmal auch wirklich klappt. Dieses Problem werden Sie bei einem geregelten Futures-Markt wie dem Mini-DAX-Future nicht haben. Sobald Sie mit einem Mausklick per Market-Order aus dem Markt wollen, wird Ihre Order ausgeführt. Das ist ein nicht zu unterschätzender Vorteil.

Das gleiche gilt im Übrigen auch für Limit-Orders. Wenn Sie zu einem bestimmten Preis eine Limit-Order gesetzt haben, mit der Sie kaufen oder verkaufen wollen, wollen Sie auch, dass die Order sofort ausgeführt wird, sobald der Markt dieses Preislevel erreicht. Auch das ist bei den obenstehenden Instrumenten keine Selbstverständlichkeit. Aber in einem Futures-Markt werden Sie damit selten oder nie Probleme haben. Ihre Limit-Order wird ausgeführt.

Alle Orders und deren Ausführpreise werden im Übrigen auch registriert. Sie können diese Daten unter „**Time & Sales**" in jeder guten Futures-Plattform einsehen. Time & Sales zeigt eine chronologische Liste der gesamten Kauf- und Verkaufs-Aktivität eines Wertpapiers. Sie bekommen hier also eine detaillierte Einsicht in der Transaktionshistorie. Damit können Sie als Trader das Geschehen am Markt sehr genau beobachten.

Ein weiterer Vorteil des Futures-Handels ist, dass ein Future im Grunde ein sehr einfaches Instrument ist. Da es sich um einen Kontrakt zwischen zwei Parteien handelt, erlaubt es Investoren und Tradern sowohl Long- (Kauf) als auch Shortpositionen (Leerverkauf) zu öffnen. Die beiden Vertragspartner haben keine weiteren Kosten zu tragen; sie müssen aber eine Vorschusszahlung leisten, die eine Art Sicherheitsleistung ist, diese wird

„**Initial Margin**" genannt. Diese beträgt nur einen Bruchteil des Kontraktwertes. In der Regel ist dies ein Prozentsatz (zum Beispiel 5 %) oder ein fixer Betrag. Für den Mini-DAX-Future fallen zum Beispiel aktuell 1750 Euro pro Kontrakt an (Stand Januar 2016). Dies ist die Initial Margin, die ein Trader also minimal als Kontoguthaben haben muss, um einen Mini-DAX-Futures handeln zu können. Möchte der Trader den Future über Nacht behalten, dann wird als Sicherheitsleistung eine Overnight Margin verlangt. Diese liegt aktuell bei 4000 Euro. Sowohl Intraday (Initial) Margin als auch Overnight Margin kann je nach Bedarf (in der Regel zu Zeiten erhöhter Volatilität) von der Börse angepasst werden.

Egal, ob Sie als Trader Inhaber einer Long-Position sind (gekauft haben) oder einer Short-Position (verkauft haben), jede ausstehende, noch nicht durch ein Gegengeschäft gesicherte Positionierung ist eine **offene Position** (Exposure genannt). Sie steht sozusagen „im Risiko". Da Sie als Trader beim Mini-DAX-Future keinen Rohstoffmarkt sondern einen Aktienindex handeln, geschieht der Geschäftsabschluss durch eine beiderseitige vertragliche Pflicht zur Zahlung eines Differenzbetrages (Cash Settlement genannt). Dieser Geldbetrag hat der Inhaber der im Wert gefallenen an den Inhaber der im Wert gestiegenen Position zu leisten. Lagen Sie als Trader mit Ihrer Markteinschätzung richtig, werden Sie einen Geldbetrag empfangen. Im gegenteiligen Fall, werden Sie einen Geldbetrag leisten müssen. Der Inhaber der Kaufposition (Long-Position) schließt diese, indem er eine gleiche Anzahl an Futures-Kontrakte am Markt verkauft. Man nennt dies: seine Position glattstellen. Sind Sie aber Inhaber einer Verkaufsposition (Short-Position) können Sie Ihre Position nur dann glattstellen, wenn Sie eine identische Anzahl an Kontrakten am Markt kaufen.

Zu beachten sind dabei aber auch die sogenannten **Verfallstermine** der Futures-Kontrakte. Im Gegensatz zu CFDs oder auch Währungen sind Futures keine Endloskontrakte. Sie haben ein Verfallsdatum. Gewöhnlich ist dies für die DAX-Familie der dritte Freitag des dritten Monats eines Quartals. Trader im Mini-DAX-Future sollten diesen Termin also immer im Auge behalten. In der Praxis werden Sie bemerken, dass die Liquidität im aktuell am meisten gehandelten Future wenige Tage vor dem Verfall abnimmt und im nächsten Future zunimmt. Sie sollten dann auch wechseln und den nächsten Kontrakt handeln. Das Verfallsdatum geht dann auch öfter mit erhöhter Volatilität und gelegentlichen erratischen Bewegungen einher, weswegen es auch in der Sprache der Börsianer „Hexensabbat" genannt wird. In der Regel ist es klüger auf den Handel an diesem Freitag zu verzichten.

Zu guter Letzt möchte ich noch auf den **Hebel oder Leverage** des Futures-Geschäftes eingehen. Dieser ist beträchtlich. Ein Trader sollte die Wirkung des Hebels von daher genau verstehen. Als Beispiel nehmen wir den Kauf eines einzigen Mini-DAX-Futures bei einem Stand von 10.000 Punkten.

Mini-DAX-Future Punktestand: 10.000

Kontraktwert: 5 Euro je Mini-DAX-Punkt

Kontraktwert bei 10.000 Punkten: 50.000 Euro

Verlangte Margin: 1750 Euro

Hebel: $50.000/1750 = 28,57$

Dies bedeutet, dass Sie, wenn Sie einen Mini-DAX-Future kaufen mehr als das 28-fache Ihres hinterlegten Kapitals bewegen. In der Summe also 50.000 Euro. Das ist zwar deutlich weniger als wenn Sie einen großen Future-Kontrakt kaufen würden (1 FDAX, Wert 250.000 Euro), dennoch sollte Ihnen als Trader klar sein, dass Sie mit diesem „Instrument" Ihr Kapital im günstigen Fall zwar schnell vermehren können, das Gegenteil ist im ungünstigen Fall genauso wahr. Schließen Sie Ihre Position bei einem Buch-Verlust von 10 Punkten im Mini-DAX-Future haben Sie 50 Euro weniger auf dem Konto. Das mag vielleicht verkraftbar klingen, aber bezogen auf ihre Sicherheitsleistung (Initial Margin) von 1750 Euro bedeutet dies immerhin ein Verlust von 2,85 %.

Es ist von daher unerlässlich, dass Sie sich über die Chancen und Risiken im Handel mit dem Mini-DAX-Future völlig im Klaren sind. Wenn Sie zum Beispiel bislang CFDs auf den DAX gehandelt haben und jetzt erwägen auf den Mini-DAX-Future umzusteigen, sollten Sie wissen, dass der Kauf eines Mini-DAX-Futures-Kontrakt dem Kauf von 5 CFDs auf dem DAX entspricht. Wenn Ihr Risikomanagement und Ihr vorhandenes Kapital dies ermöglicht, ist auf jeden Fall der Handel im Future vorzuziehen.

Sie können zwar mit einem Konto von 2000 Euro 1 Future intraday handeln, da die initial Margin bei 1750 liegt. Empfehlen würde ich es Ihnen trotzdem nicht. Sie hätten in dem Fall nur einen Rest-Cash-Bestand von 250 Euro. Bei 5 Verlusttrades mit einem Stop-Abstand von 10 Punkten wäre dieser aufgebraucht, und Sie könnten keinen Futures-Kontrakt mehr kaufen, es sei denn Sie „schießen nach", das heißt: Sie überweisen weiteres Geld auf Ihr Konto. Es ist Ihnen hoffentlich klar, dass solche Voraussetzungen unnötigen Stress beim Traden verursachen werden, der in aller Regel dazu führt, dass Sie eher verlieren werden als gewinnen (ich spreche hier aus persönlicher Erfahrung). Deswegen lautet meine Empfehlung: verfügen Sie im Moment nur über eine Summe von 2000 Euro sollten Sie bei CFDs oder dem Forex-Handel bleiben. Sinnvoller Handel im Mini-DAX-Future startet in meinen Augen erst ab einem Kontostand von 5000 Euro.

Der Heikin Ashi-Chart

Zum Scalpen im ultrakurzfristigen Bereich benutze ich den **Heikin-Ashi-Chart**. Diese Chart-Art hat mehrere Vorteile: Der Trend ist durch die visuelle Glättung der Kurse deutlicher erkennbar (im Gegensatz zu Candlesticks). Die Stärke des Trends wird sichtbarer durch die Größe der Kerzen und das Auftreten von Lunten oder Dochten. Wenn Sie mehr über Heikin Ashi Charts erfahren möchten, können Sie einen Blick auf eine spezielle Website, die ich dafür eingerichtet habe, werfen. Sie finden diese hier: http://www.heikin-ashi-charts.de/

Anders gesagt: die Heikin Ashi Charts verdeutlichen das Ungleichgewicht zwischen Nachfrage und Angebot sehr gut und zeigen sogar die Wendepunkte klar auf. Sie sind somit ein hervorragendes Instrument, um die Kapitalströme in den Märkten zu erkennen. Das untenstehende Beispiel aus dem Mini-DAX-Future verdeutlicht dies.

Bild 2: Mini-DAX-Future in der Heikin Ashi Chart-Darstellung

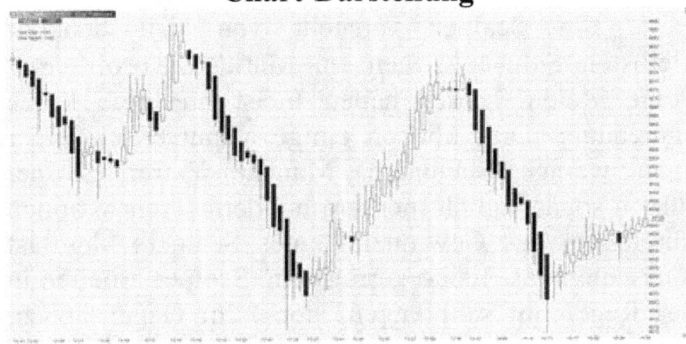

Ich werde öfter von Tradern gefragt, ob ich meine Methode auch mit bestimmten Indikatoren kombiniere. Meine Antwort auf diese Frage ist ganz eindeutig nein. Denn im Grunde genommen ist der Heikin Ashi-Chart bereits eine Art Indikator. Er ist Chartform und Indikator in einem. Ich brauche deshalb keinen zusätzlichen Indikator als Filter für meine Signale. Selbstverständlich kann man zusätzliche Indikatoren oder gar andere Chartformen hinzufügen. Ich gebe aber zu bedenken, dass jeder Filter, den Sie Ihrem System hinzufügen, die Entscheidungsfindung erschwert. Und es ist nun mal mein Bestreben, den Scalping-Prozess so einfach wie möglich zu halten. Der Scalper trainiert auf diese Weise durch Übung und Beobachtung bestimmte Muster, die er eines Tages fast unbewusst in Trades umsetzen kann.

Was ist Scalping?

Ein Scalper versucht von den denkbar kleinsten Schwankungen im Markt zu profitieren. Seine vielen Trades haben meist nur eine kurze Haltedauer. Dies können einige Minuten sein, aber auch wenige Sekunden. Manche Extrem-Scalper führen sogar täglich mehrere hunderte Transaktionen durch. Da das Gewinnziel eines Scalpers klein ist muss auch das Risiko gering sein. Scalper arbeiten in der Regel mit sehr engen Stops. Im Gegensatz zu Daytradern oder Swingtradern, die ein Chance-Risiko-Verhältnis von mindestens 1:2 für einen Trade voraussetzen (die Gewinn-Chance muss also doppelt so hoch sein wie das Risiko), arbeiten Scalper oft mit einem Chance-Risiko-Verhältnis von 1:1. Die Trefferquote (Erfolgsrate) muss also über 50 % liegen, damit der Scalper profitabel traden kann.

Da das Risiko bei diesem Trading-Stil sehr begrenzt ist (mitunter nur 5 Tics) kann der Scalper viel größere Positionen einnehmen als ein Daytrader, der mit weiteren Stops arbeiten muss. Die Punktgewinne mögen zwar klein sein, aber dank der Positionsgröße können sie in Euro umgerechnet dennoch bedeutend ausfallen.

Was ist der Vorteil des Scalpers?

Ein Scalper hat unendlich viel mehr Trading-Gelegenheiten (Opportunitäten) als der Positionstrader oder der Daytrader. Da das Chance-Risiko-Verhältnis mit 1:1 denkbar gering ist erzielen viele Scalper mit ihrer Methode ein relativ niedrige Payoff-Ratio (durchschnittlicher Gewinn im Verhältnis zum durchschnittlichen Verlust).

Dieses wird aber kompensiert durch die hohe Anzahl von Trades, die der Scalper durchführt. Man nennt dies den **Opportunitätsfaktor**. Dieser ist die eigentliche Stärke dieses Trading-Stiles. Ein Scalper kann sein Kapital viel effektiver verwalten als alle anderen Marktteilnehmer und ist somit in der Lage eine viel größere Rendite zu erwirtschaften als es sonst der Fall wäre. Scalper führen eine Vielzahl von Trades durch, die ein technisch orientierter Trader nicht machen würde, weil sie seinen Kriterien nicht genügen.

Nehmen wir ein einfaches Beispiel. Ein fallender Kurs erreicht ein bestimmtes Unterstützungsniveau gerade nicht, er verfehlt es um wenige Punkte und dreht schon vorher wieder nach oben. Viele technisch orientierte Trader nehmen den Trade nicht, weil ihr Kaufpreis, ihr Limit nicht erreicht wurde. Sie gehen also nicht mit dem Fluss des Marktes, sondern warten und schauen. Sie warten mitunter den ganzen Tag, weil der Markt eben nicht mehr zurückkommt (und ihre schöne Unterstützungslinie berührt). Jetzt hat ein

Aufwärtstrend eingesetzt, der stundenlang andauert, kräftig und ohne bemerkenswerte Pullbacks (Rücksetzer). Auf diese Weise entgehen dem technisch orientierten Trader enorme Gewinne, die er hätte realisieren können, wenn er die Gelegenheit wahrgenommen hätte. So stellen die Opportunitätskosten mitunter viel höhere Kosten dar als alle Gebühren und Verluste, die durch Fehl-Trades zusammenkommen. Gelegenheiten werden nicht wahrgenommen, weil sie den Kriterien des Traders nicht entsprechen. Aber der Markt hört nicht auf die Kriterien des Traders. Der Markt hat nicht mal Kriterien. Er ist ein höchst komplexes Gebilde, das äußerst sensibel auf widersprüchliche und vielfältige Einflüsse reagiert. Der geübte Scalper hätte womöglich einen Teil dieser Bewegung mitgenommen.

Was braucht es um ein guter Scalper zu werden? Keine Frage, die Tätigkeit verlangt eine Konzentration auf das Geschehen am Markt, das mit dem Spielen eines Musikinstrumentes oder mit Spitzensport vergleichbar ist. Wenn die Tätigkeit des Daytradens schon einen hohen Grad an Konzentration und Analyse verlangt, muss man beim Scalpen geradezu von einer Kunst sprechen.

Und genauso wie der Künstler, sollte auch der Scalper regelmäßig üben. Die bewusste Übung verändert irgendwann sogar die Physiologie des Gehirns und des Körpers. Durch die ständige Wiederholung bestimmter Vorgänge, findet eine stärkere Myelinisierung in relevanten Gehirnregionen statt. Das ist eine Art Isolierung der Nervenbahnen. Der Gewinn an

Leitungsgeschwindigkeit ist dabei erstaunlich. Bei einer Nervenbahn mit einem Radius von einem Mikrometer liegt die Geschwindigkeit bei zwei Metern pro Sekunde. Durch eine maximale Myelinisierung kann diese Geschwindigkeit um das Fünfzigfache verbessert werden. Das letzte Ergebnis ist die Voraussetzung für jede schnelle Bewegung, die wir kennen. Dass dies von ungeheurer Bedeutung für Spitzenmusiker, Spitzensportler oder Scalper ist, liegt nahe. Außerdem erkennen die Top-Performer mit vielen, vielen Stunden Erfahrung Muster und Indizien, die dem weniger Geübten verborgen bleiben. Sie wissen sozusagen mehr als die anderen oder be

Basis-Setup des Heikin Ashi-Scalpings

Ich möchte anhand eines Beispiels das Setup vorstellen, das ich beim Scalpen des Mini-DAX-Futures verwende.

Bild 3: Mini-DAX-Future, 1-Minuten-Chart

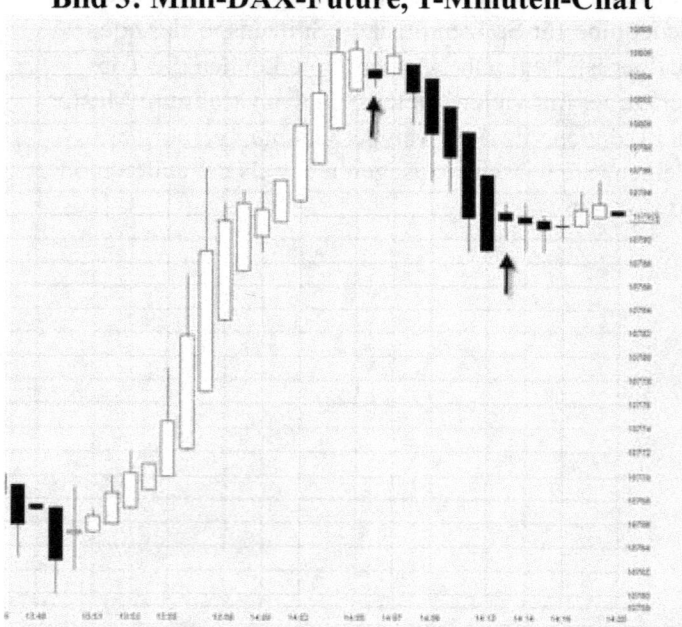

Wir sehen auf der linken Seite des Charts (Bild 3) eine klare Aufwärtsbewegung. Diese wird durch die weißen Heikin Ashi-Candles deutlich visualisiert. Viele Trader möchten natürlich gern diese Mini-Trends traden und investieren viel Zeit und Ressourcen, um solche potentielle Bewegungen identifizieren zu können. Es gehört nun zu den Hauptprinzipien meiner Trading-Philosophie, dass man solche Bewegungen eben nicht prognostizieren kann, so wünschenswert dies auch sein mag. Jeder Trader, der am Abend die Charts der Märkte studiert, die er am Tag gehandelt hat, rauft sich immer wieder die Haare, weshalb er diese oder jene „schöne Bewegung" nicht habe voraussehen können. Es ist meine feste Überzeugung, dass sich dieser Trader in Zukunft auch an allen weiteren Abenden die Haare raufen wird. Es gibt nun mal keine zuverlässige Methode oder Indikatoren, die die Börsenkurse vorhersagen können. Zwar wird der Trader hin und wieder einen Teil oder gar die ganze Bewegung mitnehmen können. Auch hier sagt meine Trading-Philosophie, dass diese „gelungenen Trades" lediglich das Ergebnis des Zufalls sein müssen. Denn für jeden gelungenen Trade gibt es unzählige nicht gelungene Trades. Für das, was links auf Bild 3 passiert gibt es in meinen Augen keine zuverlässigen Instrumente, die solche Bewegungen antizipieren, geschweige denn prognostizieren könnten.

Was aber rechts auf Bild 3 passiert (die fallende Gegenbewegung, visualisiert durch die schwarzen Candles), darüber kann sehr wohl eine Aussage gemacht werden und zwar im Sinne des **dritten newtonschen Axioms**. Dieses Gesetz beschreibt das Wechselwirkungsprinzip, auch das Reaktionsprinzip genannt. Dieses besagt, dass Kräfte immer paarweise auftreten. Übt ein Körper A auf einen anderen Körper B eine Kraft aus (**Actio**), so wirkt eine gleich große, aber entgegen gerichtete

Kraft von Körper B auf Körper A (**Reactio**). Dieses Wechselwirkungsprinzip ist äquivalent zur sogenannten Impulshaltung in abgeschlossenen Systemen. Der Impulserhaltungssatz ist einer der wichtigsten Erhaltungssätze der Physik und besagt, dass der Gesamtimpuls in einem abgeschlossenen System konstant ist. Mit dem Impulserhaltungssatz kann man zum Beispiel das Verhalten eines Kugelstoßpendels verstehen (siehe Bild 4).

Bild 4: Kugelstoßpendel oder Newtonpendel

Bezogen auf das Börsengeschehen im Bild 3 heißt dies: wenn ich eine klare Bewegung (steigender Trend, weiße Candles) im Chart beobachte (Actio), kann ich fast immer von einer Gegenbewegung (Reactio) auf die vorherige Bewegung ausgehen. Anders gesagt: den Aufwärtstrend habe ich verpasst, weil ich ihn nicht zuverlässig habe vorhersehen können. Wenn diese Bewegung deutlich und klar, und vor allem groß genug ist, kann ich von einer entsprechenden Gegenbewegung (Korrektur) ausgehen. Diese ist für mich als Scalper interessant, weil ich sie traden kann.

sitzen eine tiefere **„Domain Expertise"**, wie Forscher es nennen. Zum Beispiel wissen Top-Trader besser als die anderen, wann man traden sollte und wann man es besser sein lässt.

Folgende Bedingungen müssen aber erfüllt sein:

1. Die vorangehende Bewegung muss groß genug sein! Im aktuellen Mini-DAX-Future (Stand 10.000 Punkte) also mindestens 15-20 Punkte.
2. Es muss eine deutliche Abschwächung des Momentums in der vorangehenden Bewegung erkennbar werden (die Kerzen werden kleiner, und/oder bilden keine neuen Hochs/Tiefs mehr).
3. Anzeichen einer Top- oder Bodenbildung müssen auftauchen. Dies können lange Schatten unterhalb (bei fallenden Trends) oder oberhalb der Candles (bei steigenden Trends) sein. Oder am Ende der Bewegung tauchen Dojis oder Spinning Tops auf.

Bild 5: Dojis und Spinning Tops

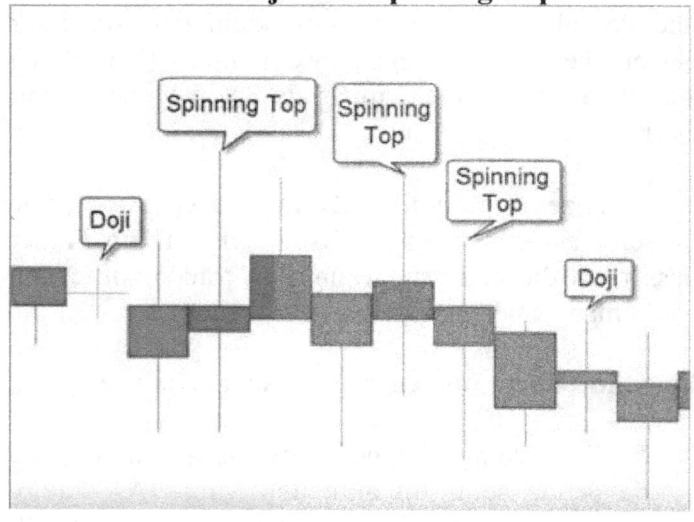

Bild 5 zeigt einige Dojis und Spinning Tops. Dojis haben keinen oder nur einen sehr kleinen Körper mit kleinen Schatten. Ein Doji sieht dann auch oft wie ein Plus-Zeichen aus. Spinning Tops zeichnen sich durch lange Schatten über oder unter dem Kerzenkörper aus. Beide Muster veranschaulichen eine Unsicherheit im Markt. Weder Bären noch Bullen dominieren aktuell das Marktgeschehen. Wenn Sie nochmal einen Blick auf Bild 3 werfen, hier sind alle Bedingungen für einen Heikin Ashi Counter-Trade erfüllt. Die letzte weiße Candle bildete im Vergleich zum vorherigen Candle kein neues Hoch mehr. Es tauchen Schatten oberhalb der Kerzen auf und es erscheint ein Doji (obere Pfeil).

Wenn diese Bedingungen erfüllt sind, ist für mich der Augenblick gekommen, die Gegenbewegung (Reactio) zu scalpen. Nach dem Doji nehme ich eine Short-Position ein (obere Pfeil im Bild 3). Zwar weiß ich nicht, ob dies tatsächlich das Hoch der vorangehenden Bewegung war, aber es gibt zumindest einige wichtigen Indizien, dass nach dem „Actio" mit einem „Reactio" zu rechnen ist. Meine Position sichere ich mit einer Stop-Loss-Order ab, die ich etwas über dem Hoch der vorangehenden Bewegung setze. Warum genau da? Sollte der Markt dieses Hoch unerwartet überwinden, wäre das Setup hinfällig. Im Beispiel 3 lag ich mit meiner Einschätzung richtig, und der Markt fing tatsächlich an zu korrigieren, zumindest 5 Kerzen, oder 5 Minuten im 1-Minuten-Chart.

Entry-Strategien

Wenn ich mit dem Basis-Setup arbeite, arbeite ich nicht mit Kurszielen. Ich gehe davon aus, dass der Markt beliebig lang korrigieren kann (was er hin und wieder auch tatsächlich tut). Ich möchte also so lange in dem Short-Trade bleiben, solange der Chart weitere schwarze Candles mit neuen Tiefs produziert. Ist dies der Fall, gibt es keinen einzigen Grund den Trade zu beenden, und es ist wichtig, dass dem Scalper auch solche gelegentlichen „Homeruns" gelingen. Im Bild 3 war dies aber nicht so. Hier war die Korrektur nach 5 Candles schon vorbei. Wir sehen, dass der Markt keine niedrigen Tiefs mehr bildete und dass der nächste Candle ein Doji war (unterer Pfeil im Bild 3). Für mich ist dies meistens ein guter Grund, den Trade zu schließen.

Nun ist der Trade im Bild 3 ein gelungenes Beispiel eines Heikin Ashi-Countertrades. Das Setup ist klar erkennbar und der Trade konnte problemlos durchgeführt werden. Leider ist dies nicht immer der Fall. Der Markt produziert in allen Zeitebenen täglich unzählige Muster und Bewegungen, die kein so klares Setup ergeben wie im Bild 3. Das ist nach meiner Erfahrung auch das Hauptproblem der meisten Trader überhaupt: wie unterscheide ich **ein gutes Setup** von einem Schlechten? Dies ist ein Punkt, dem in der meisten Trading-Literatur zu wenig oder gar keine Aufmerksamkeit geschenkt wird. In der Regel stellt der Autor sein Setup vor anhand eines „idealen" Beispiels. Dass dieses ideale Beispiel im täglichen Handel nur selten vorkommt wird wissentlich verschwiegen. Somit überlässt der Autor dem Trader sein Schicksal. Die Folge ist, dass, begeistert vom Setup des Autors, viele Trader dieses nun überall im Markt zu identifizieren glauben und leider auf gut Glück auch traden. Die Ergebnisse sind dann meistens negativ, was dann irgendwann zur Folge hat, dass der Trader das besagte Setup als unbrauchbar aufgibt. Um diesem Manko entgegenzuwirken möchte ich hier einige Beispiele aus dem Mini-DAX-Future zeigen, die in meinen Augen keine guten Setups darstellen, obwohl sie auf den ersten Blick formal den genannten Kriterien entsprechen.

Bild 6: Mini-DAX-Future, 1-Minuten-Chart

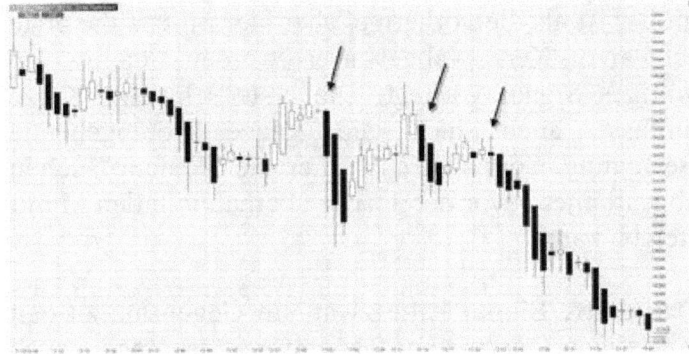

Wir sehen im Bild 6 einen erkennbaren Abwärtstrend im Mini-DAX-Future. Short-Positionen sind von daher durchaus zu bevorzugen. Die drei Pfeile deuten auf potentielle Short-Signale hin, von denen ich weiß, dass manche Trader sie auch tatsächlich traden würden. Ich rate dennoch davon ab. Zwar geht bei jedem Short-Signal eine Aufwärtsbewegung vorab. Diese ist aber viel zu klein

31

und unbedeutend, dass daraus ein vertretbarer Countertrend-Trade abzuleiten wäre. Die „Actio" ist gleichsam zu schwach um eine handelbare „Reactio" hervorzurufen. **Beim ersten Signal** (erster Pfeil links) taucht zwar mustergültig ein Doji nach der Aufwärtsbewegung auf aber die erste nachfolgende schwarze Candle umfasst die vollständige vorangehende Bewegung und geht sogar darüber hinaus. Wer diese abgewartet hätte käme zu einem sehr schlechten Preis in den Markt und würde außerdem damit konfrontiert, dass die vorangehende Bewegung schon abgearbeitet wurde.

Das zweite Short-Signal (mittlerer Pfeil) erfolgt zwar nach einer Aufwärtsbewegung, die „etwas" größer ist als die vorherige, aber hier musste die erste schwarze Kerze abgewartet werden, damit ein gültiges Signal vorliegt. Die erste schwarze Kerze umfasst auch hier die ganze vorangehende Bewegung. Somit ist auch hier die „Reactio" schon abgearbeitet bevor der Trader überhaupt in den Markt steigen kann.

Das dritte Signal hätte zwar, im Gegensatz zu den vorherigen, zu einem Gewinn geführt, aber auch diesen Trade hätte ich nicht genommen. Die vorangehende Bewegung ist fast inexistent und bewegt sich innerhalb der Preisspanne des zweiten Signals. Dass der Markt dann dennoch weiter fiel hatte mit dem fallenden Trend zu tun. Ein Trader, der das dritte „Signal" gehandelt hätte, hätte den Gewinn also nur „durch Glück" realisiert.

Keine dieser drei Signale wären im Sinne des Heikin Ashi-Scalpings gültig gewesen.

Bild 7: Mini-DAX-Future, 1-Minuten-Chart

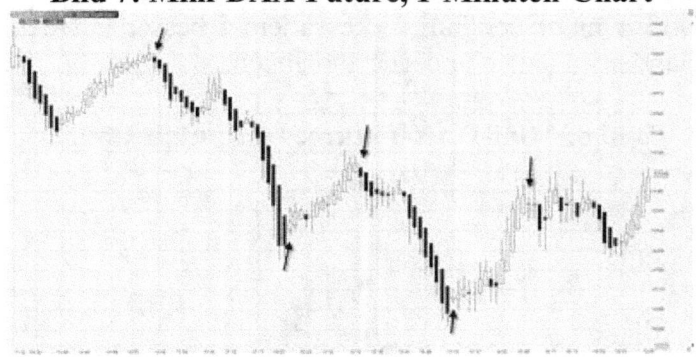

Die Signale im Bild 7 sind dagegen sehr wohl handelbare Signale für einen Scalper. Jeder Pfeil im Bild deutet auf ein Einstiegssignal, das gehandelt werden konnte. Jedem dieser Einstiegssignale ging ein eindeutiger Trend vorab, sodass nach dem Wechsel der Farbe in den Heikin Ashi-Charts durchaus mit einer handelbaren Gegenbewegung gerechnet werden konnte, was dann auch geschah. Lediglich beim fünften Pfeil (rechts im Bild) ging das Setup nicht auf. Hier wäre der Trade dem Stop-loss zum Opfer gefallen. Dafür hätte der Trader mit den vier vorangehenden Trades ansehnliche Gewinne erwirtschaften können.

Ich hoffe, der Unterschied zwischen Bild 7 und Bild 6 ist deutlich. Es macht eben keinen Sinn, Countertrends zu traden, wenn die vorangehenden

Bewegungen wie im Bild 6 zu unbedeutend sind. Es ist von daher unerlässlich für den Erfolg, dass der Trader die Geduld hat, nur solche Märkte zu handeln, die ihm diese klaren Setups liefern. Ist dies wie im Bild 6 nicht der Fall, ist es allemal besser auf den Händen zu sitzen und Tee zu trinken.

Bild 8: Mini-DAX-Future, 1-Minuten-Chart

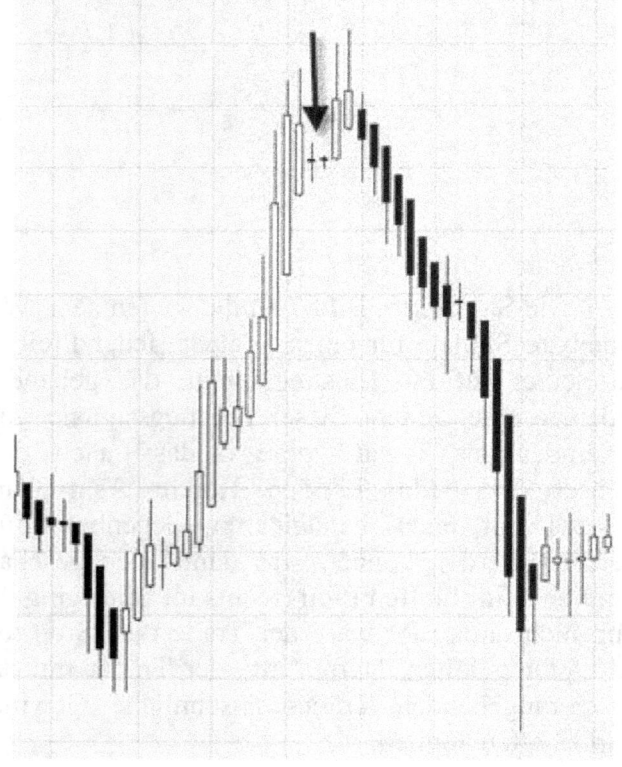

Ich möchte zum Abschluss dieses Kapitels über Entries noch auf obenstehendes Beispiel (Bild 8) aufmerksam machen. Wir sehen hier ein gültiges

Setup, das alle Kriterien erfüllt. Die „Actio" ist eindeutig und groß genug, dass eine handelbare Gegenbewegung „Reactio" erwartet werden durfte. Nach dem Erschöpfen des Aufwärtstrends tauchen mustergültig zwei Dojis auf (Pfeil, oben), die ein Gleichgewicht zwischen Bullen und Bären visualisieren. Das Shortsignal war also mustergültig und dennoch brachte der Trade keinen Gewinn, weil der Markt nach dem Signal das vorherige Hoch mit zwei zusätzlichen weißen Candles kurzfristig überwand und somit die Stopp-Loss-Order auslöste. Danach ging es dennoch in die erwünschte Richtung. Die ganze vorherige Bewegung wurde korrigiert.

Diese Art von **Fehltrades** muss ein Trader immer wieder ertragen. Er hat alles richtig gemacht. Er hatte ein korrektes Setup identifiziert. Er hat seinen Stop an der richtigen Stelle platziert und ist im richtigen Moment in den Markt gegangen. Der Trade resultierte dennoch in einen Verlust. Jeder erfahrene Trader wird bestätigen, dass er immer noch Ärger empfindet, wenn ihm dies passiert. Es gehört sicher nicht zu den schönsten Momenten dieses Berufes, dies immer wieder erleben zu müssen. Trotzdem lehrt es den Trader Demut vor dem Markt zu üben. Es lehrt ihn, wie wichtig Trading-Regeln sind und dass es für das Überleben am Markt entscheidend ist, dass der Trader sich konsequent an diese Regeln hält. Man sollte auch nicht vergessen, dass solchen „Pech-Trades" immer wieder „Glück-Trades" gegenüberstehen, bei denen der Trader trotz mangelhafter Vorbereitung dennoch Gewinn erzielt. Auch dies ist nicht gerecht, aber es geschieht.

Sind Re-Entries sinnvoll?

Eine wichtige Frage, die ich bisher noch nicht behandelt habe, bezieht sich auf die sogenannten Re-Entries. Interessanterweise gibt es zu dem Thema nur wenig Information in der mir bekannten Trading-Literatur, obwohl die Frage nach dem Re-Entry die Psyche des Traders zentral berührt. Mit einem **Re-Entry** ist folgendes gemeint. Eine Position wurde mehr oder weniger „unglücklich" ausgestoppt (wie im Bild 8). Der Trader ist aber der Meinung, dass das Setup – nach dem Ausrutscher – nach wie vor gültig ist. Er überlegt also, einen neuen Versuch zu wagen und es an der gleichen Stelle „nochmal" zu versuchen. Der „Pechtrade" auf Bild 8 ist so ein typisches Beispiel. Nach dem Short-Signal tauchten zwei weitere weiße Candles auf, die den festen Stop des Traders aus dem Markt holten. Wie man auf dem Bild klar sehen kann, ging der Markt dann doch in die gewünschte Richtung. Ein Re-Entry erscheint in diesem Fall nur logisch. Zumindest im Nachhinein scheint es so, denn der Scalper konnte bei einem eventuellen Re-Entry nicht wissen, ob der Markt bei seinem zweiten Versuch nun tatsächlich fallen würde. Das Beispiel im Bild 8 scheint ja auch trotz des ausgestoppten ersten Versuchs ein Bilderbuch-Trade zu sein. Nun wissen wir aber, dass dieser eher die Ausnahme denn die Regel darstellt.

Die interessantere Frage lautet also: weshalb will der Trader überhaupt ein Re-Entry durchführen? Hat der Markt ihm doch gerade gezeigt, dass er mit seiner Einschätzung falsch lag. Wenn man diese

Information vom Markt bekommt, warum sollte man diese überhören und es nochmal wagen? Die Befürworter werden sagen: ja, aber der Trade im Bild 8 wäre schließlich aufgegangen. Sicher wäre er es und es würde auch an anderen Stellen gelingen, keine Frage. Dennoch stehe ich dem Re-Entry sehr kritisch gegenüber und zwar aus einem völlig anderen Grund. Unabhängig davon wie viele Re-Entries – statistisch gesprochen – erfolgreich durchgeführt werden können oder nicht, weckt das Re-Entry im Trader eine Eigenschaft, die ich im Trading am liebsten verbannen würde: das Recht haben wollen. Ein Scalper, der gerade ausgestoppt wurde und eine Minute danach die gleiche Position eröffnet, hat in meinen Augen ein Problem. Er „hört" nicht wirklich auf den Markt. Er will seinen Trade, koste es was es wolle. Anders gesagt, er verliert sein seelisches Gleichgewicht und seine Besonnenheit. Vor allem verliert er auch die Sicht für die Selektion potentieller Trades. Man kann bei vielen Scalpern außerdem beobachten, dass es meistens nicht bei dem Re-Entry bleibt. Oft folgen dann eine ganze Reihe von Trades, für die es gar keine gültigen Entry-Bedingungen gab. Außerdem werden laufende Trades schlecht gemanagt.

Das Re-Entry mag für andere Trading-Stile wie Daytrading oder Swingtrading ein legitimes Mittel sein, um eine Position zu eröffnen. Für Scalper ist dies nicht der Fall, da die Schnelligkeit und Genauigkeit der Ausführung hier entscheidend ist. Außerdem verlangt Scalping eine konzentrierte

Verfassung, die am besten nicht durch zweifelhafte Entscheidungen gestört werden sollte.

Exit-Strategien

Wir haben bislang vor allem den Entries die volle Aufmerksamkeit geschenkt. Entries sind beim Scalpen wichtig. Wie die Beispiele hoffentlich gezeigt haben, kommt es sehr wohl auf das Timing und das richtige Setup an. Ich konnte hoffentlich auch zeigen, dass der Scalper seine Trades sorgfältig aussuchen sollte. Die Gefahr des Overtradings und des Tradens von ungültigen Signalen aus Langeweile ist immer gegeben. Wenn der Scalper es schafft, seine Entries mit Sorgfalt auszuwählen, sollte er genauso versuchen, seine offenen Positionen nach ganz bestimmten Regeln zu managen. Sobald die Position im Markt ist, bewegt sie sich zwischen Stop-loss und Exit.

Ich empfehle beim Scalpen **mit einem festen Stop** zu arbeiten und nicht mit einem Trailing-Stop (einem Stop, der dem Kursverlauf automatisch folgt). Der Grund ist einfach. Auch beim Scalpen kommt es gelegentlich zu volatilen Bewegungen gegen die Position des Traders. Bei vielen dieser Bewegungen würde die Position zu oft dem Trailing-Stop zum Opfer fallen. Zwar würde man gewiss eine Art von Verlustbegrenzung betreiben, aber Gewinnpositionen werden mit einem Trailing-Stop oft zu schnell geschlossen, was sich auf Dauer negativ auf die Profitabilität auswirkt.

Riskiert man nicht, dass der fixe Stop ebenfalls öfter erreicht wird und dadurch der größtmögliche Verlust entsteht? Dieses Risiko besteht jederzeit. Dennoch habe ich festgestellt, dass dies meistens bei Scalpern passiert, die zu viel „Geduld" mit Verlustpositionen haben. Scalpen ist eine schnelle Disziplin. Man kann es durchaus mit einem Geschicklichkeitsspiel vergleichen. Wenn ein Scalper auf einem 1-Minuten-Chart agiert, macht es wenig Sinn es bei einer Verlustposition, die schon 4 Minuten im Markt ist, darauf ankommen zu lassen, ob der Stop erreicht wird oder nicht. Der Scalper sollte alles daransetzen, damit genau dies nicht passiert. Den fixen Stop kann man als eine Art Notbremse betrachten, die dazu dient das Kapital des Scalpers zu schützen.

Der Scalper sollte also keineswegs passiv bleiben, wenn sich die Position nach einigen Minuten nicht in die gewünschte Richtung entwickelt. Ganz im Gegenteil. Wenn er nach wenigen Minuten spürt, dass der Trade ein Verlust-Trade wird, sollte er umgehend handeln. Er sollte den Stop, wenn dies die Marktumstände noch zulassen, näher an den aktuellen Preis schieben, oder er sollte die Position gleich schließen. Der zweite Fall setzt eine Rigorosität voraus, die erst mit zunehmender Erfahrung gelernt werden kann. Sie ist dennoch notwendig, um die Verluste so klein wie möglich zu halten. Aus dem Grund empfehle ich auch nicht mit großzügigen Stops zu arbeiten sondern mit sehr engen. Der Grund dafür ist sehr einfach. Als Scalper bin ich der Gnade meines Timings unterworfen. Sobald ich die Position eröffne, möchte ich, dass sich der Markt so schnell wie möglich zu meinen Gunsten entwickelt. Tut er es nicht oder läuft gar in die entgegengesetzte Richtung will ich so schnell wie möglich aus dem Markt heraus. Entwickelt sich der Markt dagegen zu meinen Gunsten möchte ich natürlich so lange wie es nur irgendwie geht in dem Trade bleiben.

Diese zwei Grundsätze, die nur durch ausgiebiges Üben zu tief sitzenden Gewohnheiten werden können, sind schließlich die Faktoren, die über Erfolg oder Misserfolg beim Scalpen entscheiden werden. Leider ist bei vielen Scalpern oft genau das Gegenteil festzustellen. Sie sind unendlich geduldig bei Verlustpositionen und schließen die Position, sobald ein Mini-Gewinn zu sehen ist. Wie schwer es ist, solche schlechten Angewohnheiten zu verändern, habe ich versucht in meinem Buch „Scalpen macht Spaß! Teil 3: wie bewerte ich meine Trading-Ergebnisse?" zu zeigen. Darin gebe ich die Lernkurve eine Traderin wieder, die genau dieses Problem hatte. Sie finden das Buch bei Amazon.

Es kommt also darauf an, die Position bei drohendem Verlust rigoros zu schließen. Wie viele Tics sollte der Stop beim Mini-DAX-Future vom Einstiegspreis entfernt liegen? Diese Frage ist nicht immer leicht zu beantworten und es hängt natürlich vom Temperament des Traders ab, ob er sich eher (bei einem aktuellen DAX-Stand von 10.000 Punkten – Januar 2016) für einen Stop von 5 oder 10 Tics entscheidet oder etwas dazwischen. Ich neige eher zu 5 Tics und zwar aus dem Grund, den ich hier oben bereits erwähnt habe. Entweder geht es sofort in meine Richtung oder ich will raus. Der Impact dieser

Entscheidung wird auch ausführlich im oben erwähnten Scalping-Buch behandelt. Es ist aber meine Erfahrung, dass enge Stops zu besseren Ergebnissen führen denn weitere Stops. Das Hauptargument gegen enge Stops ist natürlich die **Volatilität**. Im aktuellen Markt kann sich der DAX locker innerhalb einer Minute über 10 Punkte und mehr bewegen. Das wäre dann das Doppelte meines gewählten Stops. Ich negiere diese Tatsache nicht. Ein Scalper, der mit sehr engen Stops arbeitet wird in der Tat öfter das Opfer einer solchen schnellen Bewegung gegen seine Position sein. So what?

Verluste sind Teil des Spiels. Und wenn ich sowieso Verluste produzieren werde und die Wahl habe zwischen einem kleinen Verlust oder einem größeren Verlust, dann fällt mir die Entscheidung nicht schwer. Das Argument der Volatilität ist also in meinen Augen keins. Wenn dann die Defensive des Scalpers steht, ist es Zeit sich mit der Offensive - oder in Börsensprache mit der Gewinnmaximierung - zu beschäftigen, die ja bekanntlich der schwerste Teil der Gleichung ist. Die Einsicht, dass man die Verluste so klein wie möglich halten sollte, reift bei angehenden Scalpern relativ schnell. Ihre Ergebnisse lehren sie dies.

Wie man nun das Maximum aus einem Trade herausholen kann ist ein Thema, an dem auch sehr erfahrene Trader immer wieder an sich arbeiten müssen. Das ist ja auch das Schöne am Börsenhandel. Niemand kann die Zukunft vorhersagen. Deswegen sind wir alle – Erfahrung oder nicht – immer wieder Anfänger wenn es auf die Beurteilung eines künftigen Börsenkurses ankommt. Ich möchte das Problem anhand eines einfachen Beispiels illustrieren:

Bild 9: Mini-DAX-Future, 1-Minuten-Chart

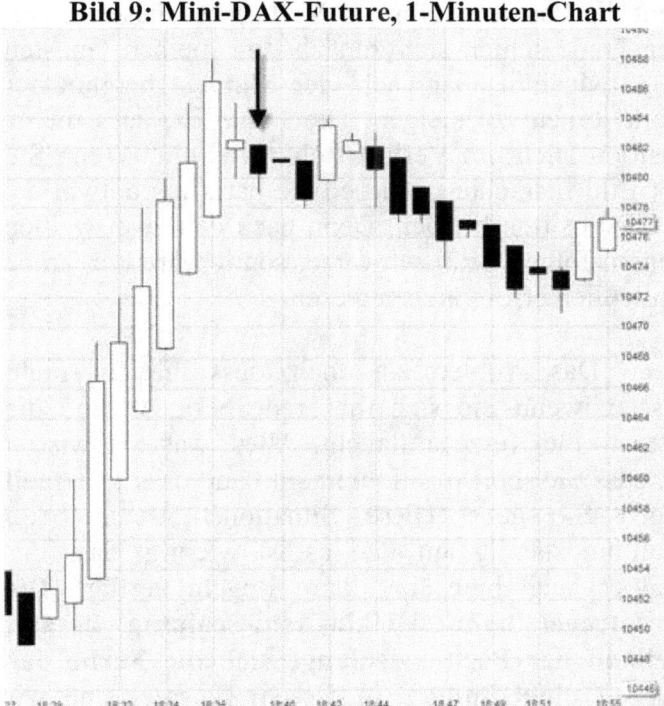

Schauen Sie sich dieses Beispiel im Bild 9 genau an. Es illustriert das Thema sehr gut. Wir sehen links auf dem Chart einen klaren Aufwärtstrend, der 38 Punkte im Mini-DAX-Future umfasste. Nach dem Hoch ist die nächste Kerze ein Spinning Top. Für mich wäre damit die Bedingung für eine Short-Position erfüllt. Der Pfeil oben zeigt den Ort, an dem ich short gehe. Zunächst scheint sich die Position in die gewünschte Richtung zu entwickeln. Die nächsten zwei Kerzen sind zumindest schwarz, also fallende Kurse. Aber die darauffolgende Kerze ist leider weiß. Wie Sie sehen steht die Position sofort im Verlust bei dieser Kerze. Der Trade schien sich zunächst zu meinen Gunsten zu entwickeln, aber nach vier Minuten beginnt der Markt erneut zu steigen. Die Folge ist, dass meine Position leicht im Verlust steht. Was tun? Wenn Sie das Bild betrachten, würden sie natürlich antworten: in der Position bleiben. Denn nach den zwei weißen Kerzen folgen neun schwarze, somit wäre der Trade schließlich erfolgreich gewesen.

Das Problem ist doch, dass Sie das nicht wissen, wenn Sie sich im Trade befinden und die erste weiße Kerze auftaucht. Alles, was Sie wissen ist, dass Sie short positioniert sind und dass es aktuell gegen Sie geht. Diese Situationen treten beim Scalping ständig auf und es ist wichtig, dass der Scalper auch hier über klare Regeln verfügt. **Die Hauptregel beim Heikin-Ashi-Scalping besagt: bleib in der Position solange sich die Farbe der Kerzen nicht ändert.** In diesem Beispiel sind wir short, also hoffen wir auf weitere schwarze Kerzen. Taucht nun eine weiße Kerze auf, heißt dies, dass die Käufer für die Periode dieser Kerze die Kontrolle übernehmen. Natürlich weiß ich nicht, ob die nächste Kerze wieder schwarz sein wird und diese eine Kerze eine Ausnahme bleibt. Gerade weil ich dies nicht weiß, empfehle ich die Position zu schließen. Dies mag rigoros klingen, aber ich möchte mich an die

Hauptregel halten. Im obigen Beispiel hätte ich also „unrecht" gehabt. Schließlich ist der Markt weiter gefallen. Ich empfehle die Position trotzdem zu schließen. Denn nichts garantiert mir, dass nach der ersten weißen Kerze nicht weitere folgen werden. Es ist in meinen Augen also besser, einen kleinen Verlust von 1-2 Tics zu akzeptieren, als die Position länger zu halten mit dem Risiko, dass der Stop erreicht wird.

Wer aber Bild 9 etwas genauer studiert wird feststellen, dass irgendetwas nicht stimmt mit der Korrektur, die wir hier shorten wollen. Nach dem Entry (schwarzer Pfeil oben) folgt eine Kerze, die eigentlich gar keine ist. Und die nächste überzeugt auch schon nicht wirklich. Zwar bildet diese Kerze ein weiteres „Tief" aber richtiges Momentum scheint nicht aufzukommen, vor allem nicht, wenn man die Größe der schwarzen Kerzen mit der Größe der weißen Kerzen des vorangehenden Aufwärtstrends vergleicht, auf die wir uns beziehen. Der Markt gibt öfter solche zarten Hinweise. Er scheint zu suggerieren: ja, jetzt gibt es zwar eine kleine Korrektur aber bald legen wir wieder los mit der Aufwärtsbewegung. Es ist also von großer Wichtigkeit, dass der Scalper die Größe und die Dynamik der Kerzen zueinander beobachtet. Im Bild 9 sind die weißen Kerzen des Aufwärtstrends eindeutig überzeugender als die schwarzen Kerzen der Korrektur.

Bild 10: Mini-DAX-Future, 1-Minuten-Chart

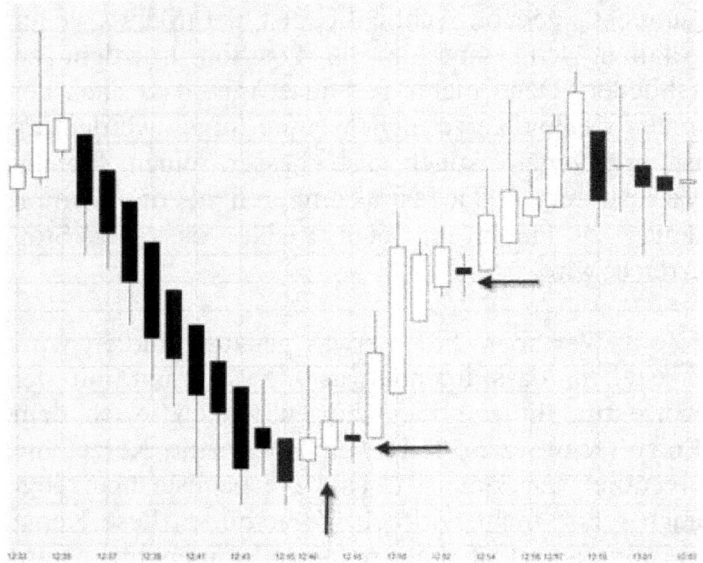

Eine interessante Situation sehen wir auf Bild 10. Nehmen wir an, ich wäre nach dem Abwärtstrend links auf dem Bild beim schwarzen Pfeil unten long gegangen (Pfeil unten). Die nächste Kerze ist ein **Doji** (untere horizontaler Pfeil). Was tun? Wenn ich nach meinen eigenen rigorosen Regeln vorgehe, müsste ich aussteigen. Aber in diesem Fall bringt mich der Doji noch nicht in Bedrängnis. Die Kerze ist klein. Zwar waren die zwei vorangehenden weißen Kerzen zugegebenermaßen noch nicht überzeugend, aber in diesem Fall würde ich die Position zunächst behalten, den Stop aber schon etwas näher zum Einstiegspreis schieben. Schließlich deutet der Doji auf ein gewisses Zögern der Käufer hin. Die nächsten zwei weißen Kerzen überzeugen dann sehr wohl, vor allem die zweite. Aber dann bilden die nächsten zwei keine neuen Hochs mehr, was in einem „Aufwärtstrend" an sich schon bedenklich ist. Wenn das noch nicht genügt, taucht anschließend wieder ein Doji auf (zweiter horizontaler Pfeil oben). In diesem Fall würde ich den Gewinn mitnehmen und die Position schließen. Zwar ist der Markt anschließend nochmal 5 Kerzen gestiegen, aber das war bei dem zweiten Doji nicht zu erwarten. Dennoch zeigt dieses Beispiel klar, wie schwer es ist, immer die ganze Bewegung mitzunehmen.

Gerade bei einem zögerlichen Momentum wie in diesem Beispiel im Bild 10 gibt es zu viele Unwägbarkeiten, die den Trader zweifeln lassen. Ich selbst neige dazu bei Zweifel eher auszusteigen als länger in der Position zu bleiben. Selbstverständlich lehrt mich der Markt dann öfter eines Besseren. Scalpen ist aber kein Geduldsspiel wie zum Beispiel Trend following. Beim Scalpen werden Sie ständig aufgefordert, eine Entscheidung zu treffen. Manchmal wird sich diese als richtig erweisen manchmal nicht, wie im Bild 10. Hier hätte ich länger in dem Trade bleiben müssen. Trotzdem, viel wichtiger als die Punkte, die mir in diesem Beispiel verloren gegangen sind, scheint mir als Scalper die Fähigkeit, in jeder Situation eine klare Entscheidung treffen zu können. Denn manchmal wird Sie diese Fähigkeit auch vor größeren Verlusten schützen. In der Summe gleicht sich der verlorengegangene Gewinn mit dem nicht aufgelaufenen Verlust aus. Der eigentliche Gewinn wird dann bei Trades wie im Bild 11 erzielt.

Bild 11: Mini-DAX-Future, 1-Minuten-Chart

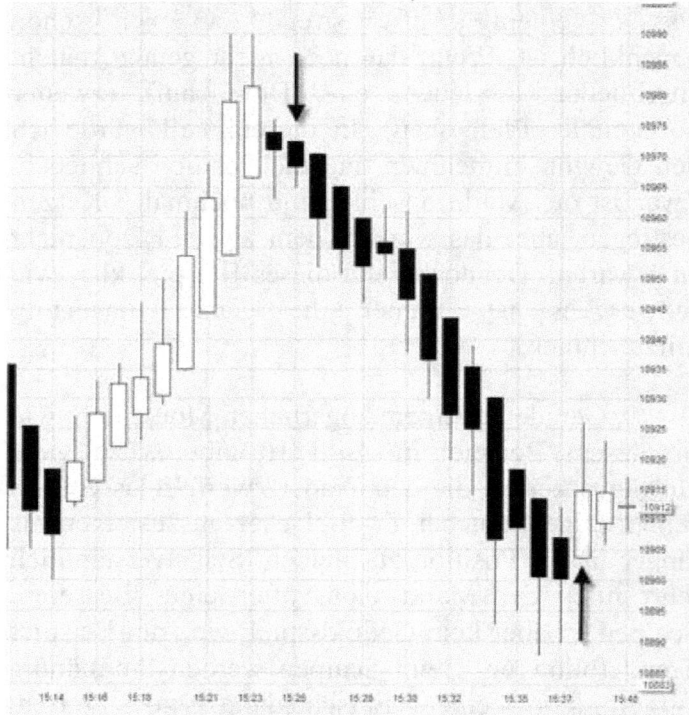

In diesem Beispiel (Bild 11) bekommt der Scalper die „volle Beute". Nach dem Aufwärtstrend links auf dem Chart geht er short nach der ersten schwarzen Kerze (Pfeil oben). Zu seinem Glück ist der fallende Trend eindeutig. Der Markt bildet eine schwarze Kerze nach der anderen. Erst nachdem die ganze vorangehende Aufwärtsbewegung abgearbeitet wurde tauchte die erste weiße Kerze auf (Pfeil unten). Dieser eine Trade war gut für 60 Punkte in Mini-DAX-Future oder 300 Euro pro Kontrakt.

Betrachten wir die Abwärtsbewegung etwas genauer sehen wir, dass in etwa auf dem Niveau, auf dem die vorangegangene Aufwärtsbewegung begann, Schatten unter den Kerzen des Abwärtstrends auftauchen. Das ist ein Warnsignal. Aufgepasst! Käufer! Deutlich zu sehen sind 4 Schatten unter den schwarzen Kerzen, die darauf hindeuten, dass das Ende des Abwärtstrends nahe ist. Tatsächlich trat dann die erste weiße Kerze auf. Spätestens hier sollte der Scalper seinen Gewinn realisieren. Dennoch: es wären 5 bis 10 Tics mehr drin gewesen, wenn er es schafft, bei einem der Kerzen mit langen unteren Schatten früher auszusteigen. Diese paar Punkte mehr sind wichtig. Natürlich kann man die erste weiße Kerze abwarten. Aber in der Regel gibt man eine Menge Punkte wieder ab, wenn man dies tut. Es kommt aber nicht darauf an, das Ende des aktuellen Trends zu antizipieren, denn das wäre wieder der Versuch, das Marktgeschehen vorherzusagen. Es kommt aber sehr wohl darauf an, etwaige Warnzeichen des Marktes zu lesen und ernst zu nehmen. Und die vier Schatten unter den letzten vier schwarzen Kerzen waren eindeutige Zeichen, dass der Ritt zu Ende ging. Außerdem hatte der Markt die ganze vorangegangene Bewegung bereits korrigiert und war sogar tiefer gegangen. Die Wahrscheinlichkeit einer Gegenbewegung (Reactio) wuchs also von Minute zu Minute.

Bild 12: Mini-DAX-Future, 1-Minuten-Chart

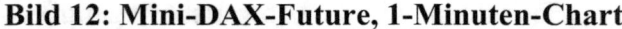

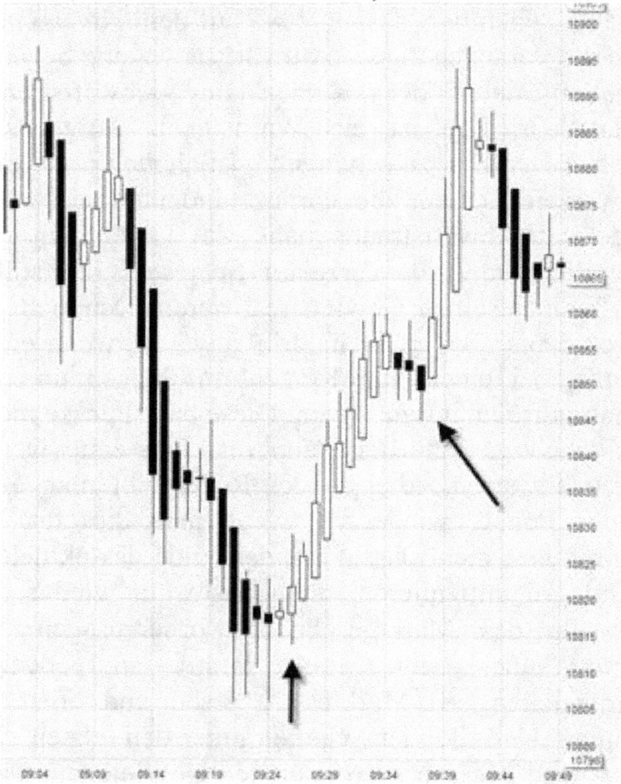

Bild 12 zeigt einen Klassiker. Nachdem zwei **Spinning Tops** und ein **Doji** den Abwärtstrend (links auf dem Chart) beendet hatten, bekam der Scalper ein Long-Signal (Pfeil unten). Neun Minuten lang stieg der Markt bis die erste schwarze Kerze auftauchte, auf die zwei weitere folgten (Pfeil Mitte). Für mich reicht die erste schwarze Kerze um den Gewinn mitzunehmen, immerhin 35 Punkte. Die drei schwarzen Kerzen nach der ersten Welle erwiesen sich dann als kleines Fortsetzungsmuster. Es gibt

Trader, die diese Fortsetzung traden wollen und erneut long gehen bei der nächsten weißen Kerze. Dies ist nicht im Sinne des Heikin Ashi Scalpings. Erinnern wir uns: wir traden eine Reactio nach dem Actio. Wir traden keinen Ausbruch aus einer Fortsetzungsformation. Es ist sehr wichtig, dies zu betonen. Zwar ist traden mit Fortsetzungsformationen eine legitime Technik, man sollte aber begreifen, dass diese Methode eine andere „Philosophie" des Marktes voraussetzt. Bei dieser Technik (traden nach Flaggen, Wimpeln, Konsolidierungen) setzt der Trader auf Trends. Er glaubt also, dass ein einmal gebildeter Trend sich fortsetzen wird. Dies geschieht auch hin und wieder, vor allem an starken Trendtagen. Von daher funktioniert diese Technik an diesen Tagen sehr gut. Leider sind Trendtage eher die Ausnahme denn die Regel. Im Allgemeinen gehen die Märkte seitwärts und beginnende Trends werden abgebrochen oder korrigiert. Das ist der Grund weshalb ich auf die Countertrend-Technik des Heikin Ashi Scalpings setze. Ich liege damit in der Mehrheit der Fälle richtig. Sollte ein Trader, der einen Trendtag identifiziert hat, dann trotzdem die Technik wechseln und auf Fortsetzungsmuster setzen? Diese Frage ist natürlich nur individuell zu beantworten. Ich möchte aber zu bedenken geben, dass die meisten Trader, die ich kenne, mit der Anwendung von gleichzeitig mehreren Techniken überfordert sind.

Besser man meistert eine Technik und bleibt dabei. Die Ergebnisse sind dann in der Regel besser. Nachteil ist natürlich, dass man an Trendtagen oder in Trend-Phasen öfter mal daneben liegen wird. Aber das gehört nun mal zum Spiel dazu.

Sind Multiple Targets sinnvoll?

Ein heiß diskutiertes Thema, auch unter Scalpern, ist der Einsatz von **Multiple Targets**. Bei dieser Technik versucht der Trader nicht ein Kursziel zu bestimmen, sondern mehrere. Das geht natürlich nur, wenn er mit mehreren Kontrakten handelt. Bezogen auf den Mini-DAX-Future könnte dies zum Beispiel heißen, dass das Kursziel für den ersten Kontrakt bei 10.250 liegt, für den zweiten Kontrakt bei 10.260, usw.

Die Frage, die sich aber jeder Scalper stellen muss ist, ob er überhaupt die Zeit hat, sich mit solchen komplexen Exit-Strategien zu beschäftigen. Für einen Daytrader oder Swingtrader könnten Multiple Targets eine interessante Erweiterung ihrer Trading-Methode sein. Als Scalper versuche ich es so einfach wie möglich zu halten. Wenn mir die Heikin Ashi-Kerzen ein klares Signal geben, dass ich aussteigen soll, schließe ich in der Regel alle Kontrakte. Wenn Sie zum Beispiel mit zwei Kontrakten short sind und es taucht eine bullisher Candle auf, die eine Gegenbewegung in Gang setzen könnte, ist es aus meiner Sicht besser, die vollständige Position zu schließen. Lassen Sie einen Kontrakt im Markt, wo ist dann das Kursziel für diesen?

Es könnte natürlich sein, dass der Markt trotz dieser einen bullisher Candle weiter fällt und der zweite Kontrakt realisiert einen noch größeren Gewinn als der erste. Aber das ist längst nicht sicher.

Oft geschieht das Gegenteil, und Sie müssen sich mit dem zweiten Kontrakt mit einem kleineren Gewinn zufrieden geben. Das wäre dann nicht im Sinne der Gewinnmaximierung. Dennoch möchte ich die Möglichkeit, mit Multiple Targets zu scalpen, eher neutral betrachten. Es gibt Scalper, die damit sehr erfolgreich sind. Bedenken Sie aber, dass es Erfahrung braucht, um diese Methode erfolgreich anzuwenden. Ich würde sie aber nicht als eine fortgeschrittene Stufe meines Setups sehen wollen. Für manche Trader hat diese Technik in meinen Augen eher einen psychologischen Effekt. Es befriedigt natürlich das Ego (und das Sicherheitsbedürfnis) des Traders auf dem Weg zum Kursziel fürsorglich schon mal „etwas" Gewinn mitzunehmen. Dagegen ist erstmal nichts einzuwenden, die Lösung ist aber im Sinne der Gewinnmaximierung suboptimal.

Wann Sie den Mini-DAX scalpen sollten (und wann nicht)

Kennen Sie das ultimative Börsen-Geheimnis? Nein? Es ist keine besondere Strategie oder Trick. Es ist ganz sicher auch kein spezieller Indikator und es ist auch kein verborgener Markt, den nur Eingeweihte kennen. Das am meisten unterschätzte Börsen-Geheimnis ist das Wissen, wann Sie an die Börse gehen sollten und wann nicht. Dieses Thema war mir so wichtig, dass ich sogar ein eigenes Buch darüber geschrieben habe: „Trading ist Flow Business". Sie finden es hier.

Nun ist die beste Zeit, um den DAX zu scalpen, wohlbekannt. Es ist der europäische Vormittag, von 09.00 Uhr bis 12.00 Uhr. Dies ist die Zeit, in der die Europäer „unter sich" sind. Die Asiaten haben ihren Handelstag beendet und die Amerikaner liegen noch im Bett. Meiner Erfahrung nach werden Sie hier die besten Bedingungen vorfinden, um den Mini-DAX-Future zu handeln. Wenn Sie sich vertraut machen mit den Bewegungen, die hier stattfinden, haben Sie gute Chancen, den DAX erfolgreich zu traden. Zwar ist der DAX kein einfacher Markt, aber er bietet einem Trader fast täglich genügend Volatilität, damit für jeden etwas dabei ist. Die Mini-Bewegungen, die ich in den obenstehenden Beispielen gezeigt habe, finden hier ständig statt, sodass es immer etwas zu scalpen gibt. Und der neu eingeführte Kontrakt Mini-DAX-Futures ist das ideale Instrument dies zu professionellen Bedingungen zu tun.

Ob Sie auch **die Vorbörse** (08.00 – 09.00 Uhr) scalpen sollten hängt meines Erachtens von Ihrer Erfahrung ab. Bedenken Sie, dass der Markt oft mit einem Gap (Kurslücke) eröffnet und dies von den Tradern, die bereits positioniert sind, eine Neu-Orientierung verlangt. Gerade wegen der geringeren Liquidität kann die Vorbörse manchmal sehr profitabel sein. Die schlechtere Ausführung der Orders spräche dann wieder dagegen.

Selbstverständlich können Sie den Mini-DAX-Future auch **am Nachmittag** scalpen. Sie müssen allerdings bedenken, dass ab 14.00 Uhr die amerikanischen Trader in den Markt kommen und die haben meist eine eigene Agenda. Nicht selten wird am Nachmittag das Ruder komplett umgeworfen und es passiert das Gegenteil von dem, was Sie im Vormittagshandel gesehen haben. Ich selbst trade von daher am Nachmittag lieber die amerikanischen Futures und kehre erst am nächsten Morgen zum DAX zurück.

Vermeiden Sie zu scalpen, wenn **wichtige Wirtschaftsnachrichten** veröffentlicht werden. Sie sollten sich deshalb jeden Tag mit dem Wirtschaftskalender beschäftigen, bevor Sie loslegen. Schließen Sie also Ihre Positionen wenige Minuten vor der Veröffentlichung. Gehen Sie auch in den ersten Minuten nach der Veröffentlichung nicht gleich wieder in den Markt. Beobachten Sie das, was geschieht und warten Sie lieber auf ein gutes Setup.

In den Stunden vor wichtigen Ereignissen, wie zum Beispiel den **Zinsentscheiden** der EZB (und den darauffolgenden Pressekonferenzen) werden Sie oft erleben, dass der Markt lustlos und unentschieden seitwärts pendelt. In der Regel werden Sie dort keine oder wenige guten Setups finden. Umso volatiler wird es dann öfter, sobald die Pressekonferenz beginnt (14.30 Uhr in der Regel). Oft ist es also besser auf dieses Ereignis zu warten und Tee zu trinken (oder Kaffee, wie ich).

Hilfreiche Tools zum Scalpen

Wenn auch Scalping kein Market Making im eigentlichen Sinne ist, trägt dieser Handelsstil viel zur Liquidität des Orderbuchs bei. Scalper ermöglichen somit anderen Tradern und Investoren, dass ihre Order zu besseren Konditionen ausgeführt werden. Auch wenn dies nicht ihr Trading-Ziel ist, ist es dennoch ihre Funktion im Gesamtuniversum der Börse. Im Umkehrschluss heißt dies natürlich auch, dass Scalper für das Öffnen und Managen ihrer Order auf die denkbar fortschrittlichste Technik angewiesen sind, die zur Verfügung steht. Die möglichst schnelle und effiziente Ausführung des Order-Managements unterstützt den Scalper in seinem Bemühen um Präzision.

Wie ich bereits auch an anderer Stelle mehrfach ausgeführt habe, kommt es beim Scalpen sehr wohl auf den einzelnen Tic oder Pip an. Jeder Punkt, jeder Tic, den er durch Exaktheit dazugewinnt, erhöht seine Profitabilität oder macht sie erst möglich. Dies macht sich vielleicht nicht bemerkbar beim einzelnen Trade. Wenn Sie aber mitunter hunderte Trades pro Woche oder pro Monat durchführen, schlägt sich ein einzelner Punktgewinn mehr oder weniger irgendwann durch. Es kann letztlich den Unterschied zwischen einem profitablen oder nicht-profitablen Geschäft ausmachen. Gerade weil der Scalper sehr viele Trades durchführt, fällt der eine Tick mehr oder weniger ins Gewicht. Wenn er sich bei einem Trade eine ungenaue Ausführung leistet ist dies sicher noch kein Beinbruch. Macht er aber monatlich tausende Trades ist ein Tic mehr in einem Futures-Markt wie der Mini-DAX bares Geld.

Damit er diesen Grad an Professionalität erreicht, sollte der Scalper auf die modernsten Instrumente zugreifen, die er am Markt finden kann. Die Anwendung dieser Instrumente beim Scalpen optimiert seine Effizienz im täglichen Handel erheblich. Die fortschrittlichste Plattform, die ich kenne, ist der **Nanotrader** des Luxemburgischen **Brokers WHSelfinvest**. Diese Plattform verfügt über alle notwendigen Tools und Instrumente zum effizienten Scalpen des Mini-DAX-Futures. Ich möchte hier eine der wichtigsten Funktionen dieser Plattform vorstellen.

A. Orders Platzieren

Bild 13: Orders Platzieren aus dem Orderbuch heraus

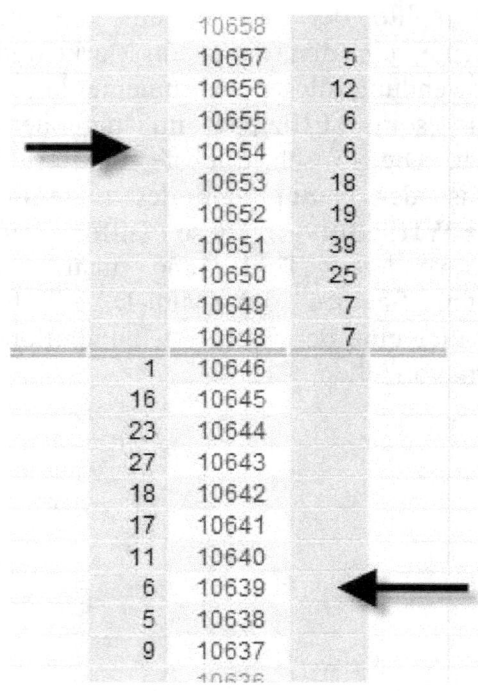

Das Orderbuch ist gleichsam der „Point of Sale" eines Marktes. Es ist der Ort, an dem Käufer und Verkäufer zusammenkommen und sich über einen Preis einigen. In modernen Futures-Märkten wie der Mini-DAX-Future gibt es nur elektronische Orderbücher. Hier oben sehen Sie ein Screenshot des Mini-DAX-Orderbuches vom 23. Dezember 2015.

In der **linken Spalte** sehen Sie die **BIDs.** Das ist die Auflistung der Anzahl Kontrakte, die Käufer zu einem bestimmten Preis bereit sind zu kaufen. Zum aktuellen Preis von 10646 war zur Zeit der Aufnahme nur 1 Käufer bereit 1 Kontrakt zu kaufen. Zum nächstbesten Preis, 10645 waren Käufer allerdings bereit 16 Kontrakte zu kaufen.

In der **rechten Spalte** sehen Sie die **ASKs.** Das ist eine Auflistung der Anzahl Kontrakte, die Verkäufer zu einem bestimmten Preis bereit sind zu verkaufen. Zum aktuell niedrigsten Verkaufspreis von 10648 sind Verkäufer bereit 7 Kontrakte zu verkaufen.

Mit einem Rechtsklick in der **linken Spalte** (das Bid) kann der Scalper nun einen Kauf-Stop zum Preis von 10654 (linker Pfeil oben) platzieren. Will er aber gleich zum aktuellen Marktpreis kaufen kann er dies direkt mit einem Linksklick tun. In diesem Fall wäre dies auf der linken Spalte neben der Zahl 10648. Dann kauft er zu dem Preis einen oder mehrere der 7 angebotenen Kontrakte. Erwartet er aber, dass der Markt noch etwas weiter fallen wird, könnte er natürlich mit einem Linksklick in der linken Spalte ein Kauf-Limit platzieren, zum Beispiel zum Preis von 10641.

Will er dagegen verkaufen, kann er dies auch direkt zum Marktpreis mit einem Linksklick in der **rechten Spalte** (das Ask) tun. Er würde dann einen Kontrakt an den einen Käufer zum Preis von 10646 verkaufen. Will er zu einem tieferen Preis verkaufen, könnte er dies mit einem Verkauf-Stop zum Preis von 10639 (rechter Pfeil unten) tun. Er kann natürlich auch zu einem höheren Preis mit einem Linksklick ein Verkauf-Limit platzieren, zum Beispiel zum Preis von 10655.

Die Beobachtung des Orderbuchs ist im Gegensatz zu anderen Scalping-Methoden beim Heikin Ashi-Scalping nicht zwingend. Es hat aber den Vorteil, dass dem Scalper möglichst alle Daten des Marktgeschehens zur Verfügung stehen, auf die er dann mit einem einfachen Mausklick reagieren kann.

B. Öffnen und schließen der Orders

Bild 14, Öffnen und Schließen der Orders

Position Size:		10758
1		10757
Position Price		10756
10729		10755
		10754
P/L:		10753
20.00		10752
Last		10751
10733		10750
		10749
Order Volume:		10748
1		10747
Buy 1 Market		10746
Sell 1 Market		10745 2
+1 -1		10744 2
↶ x 2		10743 3
		10742 3
		10741 7
Close & Cancel		10740 8
		10739 43
Cancel All		10738 21
Cancel Asks		10737 4
Cancel Bids		10736 6
		10735
Auto Ask	1	10734
	3	1 @ 1
Auto Bid	20	10732
	14	10731
	6	10730
	19	10729 ←
	7	10728
	9	10727
	16	10726
	7	10725

Im Bild 14 habe ich mit einem Klick im Orderbuch einen Kontrakt im Mini-DAX-Future zu einem Preis von 10729 (Pfeil) gekauft. Da der Markt inzwischen weiter gestiegen ist (aktuell auf 10733 Punkte, links oben im Bild) hatte ich im Augenblick des Screenshots einen kleinen Buchgewinn von 4 Tics, also 20 Euro. Die Plattform bietet aber für das

Öffnen und Schließen von Ordern noch eine Reihe weiterer Funktionen an. Der Scalper kann mit einem Klick per Market Order Kontrakte kaufen und verkaufen (links im Bild, unter Order Volume: Buy 1 Market, Sell 1 Market).

Die Buttons „+1" , „-1" und „x2" ermöglichen dem Scalper, die Kontraktzahl zu erhöhen. Der kleine Pfeil unter dem „+1" Button ermöglicht ihm die Position zu drehen. Hier wird die aktuelle Position automatisch geschlossen und die umgekehrte Position eröffnet.

Der Button „Close and Cancel" schließt die aktuelle Position und storniert alle offenen Orders. Der Button „Cancel Asks" storniert alle Orders im Ask und der Button „Cancel Bids" storniert alle Orders im Bid. Mit dem Button „Auto Ask" kann der Scalper sogar ein Sell-Limit auf den Ask-Preis setzen und mit dem Button „Auto-Bid" ein Buy-Limit auf den Bid-Preis setzen.

C. Das Managen offener Orders

Bild 15: Das Managen offener Orders

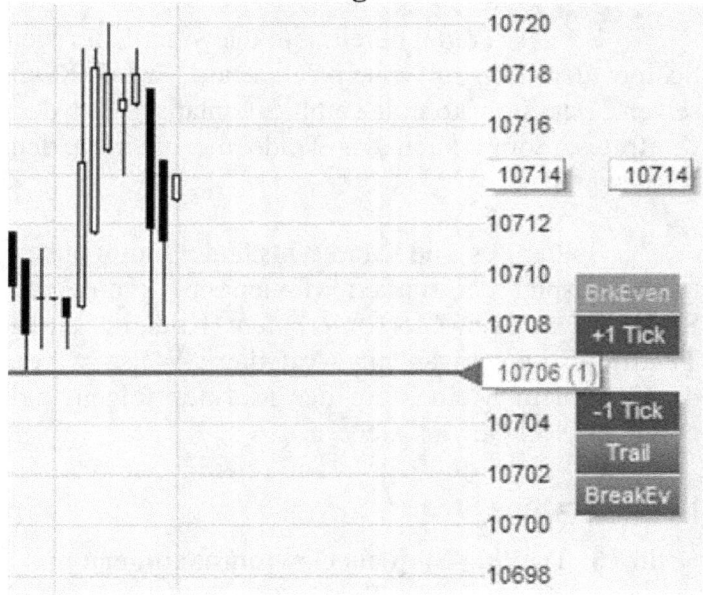

Ist die Position im Markt, beginnt das Managen der offenen Orders, die die Position begleiten. Als Beispiel (Bild 15) möge hier eine **Stop-Order** gelten, die eine Kaufposition schützt. Die Kaufposition wurde bei 10714 eröffnet und von einem Stop (horizontale rote Linie im Chart) begleitet. Der Stop steht aktuell zu einem Preis von 10706, also 8 Tics tiefer.

Der Scalper hat nun je nach Bedarf verschiedene Möglichkeiten die Stop-Order zu managen. Er kann den Stop dank eines Tactic-Tools (rechts unten im Bild neben dem Preis) mit einem

Klick um einen Tick erhöhen oder vermindern (+1 Tick-Button, -1 Tick-Button).

Ist der Trade bereits im Gewinn kann der Scalper den Stop mit einem Klick auf **Break Even** setzen. Der Stop kommt somit automatisch auf den Kaufpreis. Somit kann der Trade nie mehr in den Verlust gehen.

Sollten es die Marktumstände ermöglichen (zum Beispiel bei starken Momentum) könnte der Scalper den fixen Stop mit einem Klick in einen **Trailing-Stop** verwandeln. Auf diese Weise würde der Stop dem Momentum des Marktes folgen und möglichst viel Gewinn sichern.

D. Der Trailing Stop

Bild 16: Trailing Stop als Gewinnmaximierungs-Tool

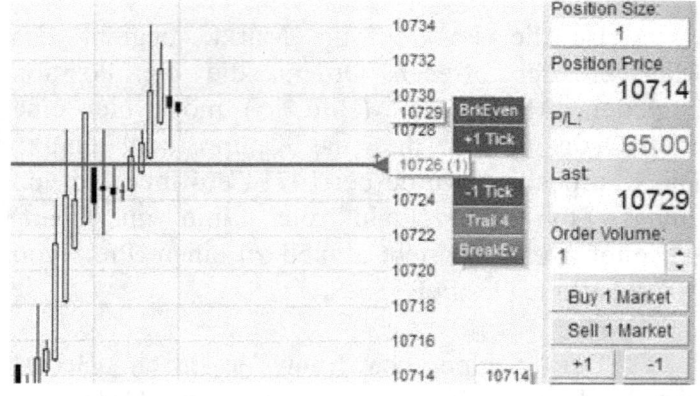

Die Umwandlung des fixen Stops in einen Trailing-Stop war in dem oben genannten Beispiel

(Bild 15) möglich. Nachdem die Position 15 Pips im Gewinn stand habe ich mit einem Mausklick die Trailing-Funktion aktiviert und auf 4 Ticks des aktuellen Preises gesetzt (jetzt auf 10726). Damit habe ich die Position noch nicht geschlossen aber sichergestellt, dass nur noch wenig Gewinn an den Markt zurückgegeben würde. Der Trailing-Stop ermöglicht aber weitere Gewinne, sollte der Markt weiter steigen. Diese Funktion ist vor allem am Ende eines starken Trends sinnvoll, weil es in dem Fall darum geht, die Ernte sicher in die Scheune zu bringen.

All diese Funktionen dienen dazu, den Scalper bei der **Gewinn-Maximierung** und **Verlust-Minimierung** zu unterstützen. Wie bereits gesagt: es kommt sehr wohl auf den einzelnen Tic an. Je mehr Tics Sie dank einer ausgefeilten Technik im Mini-DAX-Future sichern können, desto höher wird Ihre Profitabilität ausfallen.

Verschiedene Stop-Arten

Scalper, die ihren Trading-Stil ernst nehmen, kommen früher oder später nicht umhin, über das Thema Stop nachzudenken. **Die Stop-Order** hat im Wesentlichen **zwei Funktionen**. Sie kann eine Position eröffnen (Stop Buy oder Stop Sell) und sie kann eine Position automatisch schließen, wenn ein bestimmtes Preis-Level vom Markt erreicht wird.

Die zweite Funktion ist deshalb so wichtig, weil sie Ihre Position vor größerem Kapitalverlust schützt. Stops sind demnach wichtige Instrumente des Risikomanagements.

Neben dem Kapitalschutz kann der protektive Stop auch noch eine ganz andere Funktion bekommen, nämlich den Schutz des aufgelaufenen Gewinns. Zunächst sollte der Scalper die Stop-Order auf Break Even setzen (auf den Entry-Preis), damit der Trade nicht mehr in den Verlust gehen kann. Die Funktion des Gewinn-Schutzes bekommt die Stop-Order natürlich dann, wenn der Scalper den Stop mit zunehmenden Gewinn manuell „nachschiebt" und somit immer mehr Gewinn sichert.

Nun ist gegen das manuelle Nachschieben von Stops nichts einzuwenden. Für Daytrader oder Swingtrader dürfte dies unproblematisch sein. Diese Trader können zum Beispiel bestimmte Swing-Levels in einem Trendmarkt dazu nutzen, um dies zu tun. Scalper dagegen, die es meist mit sehr schnellen Märkten zu tun haben, sollten eher professionelle

Instrumente nutzten, nicht zuletzt, weil diese Ihnen einen Vorteil gegenüber der Konkurrenz verschaffen.

Ich möchte hier einige **automatisierte Stop-Orders** vorstellen, die der Broker **WHSelfinvest** auf seiner Plattform **Nanotrader** anbietet. Diese Stop-Orders sind speziell für das Traden und Scalpen in schnellen Märkten entwickelt. Sie bilden von daher einen wichtigen Beitrag zum Instrumentarium des Scalpers.

Selbstverständlich kann man ohne diese Tools scalpen. Aber warum sollte ich auf die Instrumente verzichten, die mir einen klaren Vorteil gegenüber anderen Marktteilnehmern verschaffen?

A. Der fixe Stop

Den festen oder fixen Stop kennt jeder Trader. Es ist die klassische Stop-Loss-Order, die dazu dient, den Verlust bei der eingegangenen Position von vornherein zu begrenzen. Eröffnet der Scalper eine Kaufposition im Mini-DAX-Future bei 10.200 Punkten und setzt einen fixen Stop auf 10.990 Punkten wird die Position automatisch geschlossen, sobald der Markt 10 Punkte fällt. Dieser Stop ist, wie sein Name es ausdrückt, fest und bleibt im Markt stehen, bis der Trader die Order storniert oder der Markt dieses Preis-Level erreicht. Dennoch hat der Trader jederzeit die Möglichkeit den festen Stop zu verschieben. Er könnte ihn zum Beispiel 5 Punkte höher schieben, auf 10.195, sobald der Markt selber 5 Punkte gestiegen ist (auf 10.205).

Ich favorisiere diese Methode. Ich möchte, dass der Mini-DAX-Future, sobald ich eine Position eröffnet habe, in meine Richtung geht. Ist dies der Fall, beginne ich das Risiko zu minimieren. Steigt der Mini-DAX-Future weiter auf 10.210 Punkte würde ich den festen Stop auf Break Even setzen. Damit gehe ich sicher, dass ich, was immer jetzt geschieht, mit diesem Trade keinen Verlust mehr erleide. Ich zähle diese Maßnahme zu den guten Trading-Gewohnheiten.

Man kann den festen Stop selbstverständlich auch noch weiter nach oben (oder bei Short-Positionen nach unten) verschieben, sollte der Markt weiter steigen. Somit sichert der Scalper zumindest einen Teil des aufgelaufenen Buchgewinns. Irgendwann wird der Stop vom Markt erfasst werden und die Position wird automatisch geschlossen. In vielen Fällen reicht das manuelle Managen des festen Stops aus. Dennoch sollten sich Scalper mit semi-automatischen Stop-Funktionen wie den drei folgenden vertraut machen.

B. Der Trailing-Stop

Wer den Stop nicht manuell managen möchte, kann auf den Trailing Stop zurückgreifen. Wir haben diese Stop-Art im vorigen Kapitel bereits bei der Sicherung von Gewinnen erwähnt. Sobald sich der Markt in die gewünschte Richtung bewegt, folgt der Trailing Stop diesem automatisch in einem festgelegten Abstand. Dieser Abstand kann natürlich vom Trader nach Belieben festgesetzt werden. Bewegt sich der Markt aber vorübergehend in die andere Richtung, bleibt der Trailing Stop auf dem letzten Niveau stehen, bis sich der Markt wieder in die gewünschte Richtung bewegt. Der Trailing Stop bewegt sich erst dann einen Punkt weiter, wenn das vorherige Niveau überschritten wird.

Der Vorteil eines Trailing Stops ist nun, dass er im Gegensatz zum fixen Stop auch automatisch über den Einstiegspreis steigen kann, sollte der Markt höher steigen als der Abstand zwischen Entry und dem ursprünglich festgelegten Trailing Stop. Der Trailing Stop folgt dann dem Marktpreis weiter, solange dieser in die gewünschte Richtung läuft. Der Trailing Stop hat somit zwei Funktionen. Einerseits begrenzt er den Verlust, indem er dem Marktpreis folgt, sobald er in die gewünschte Richtung läuft. Andererseits sichert er den Buchgewinn, wenn der Marktpreis weiter zu Gunsten des Traders läuft.

Der Trailing Stop übernimmt somit automatisiert **das Management der Position** und macht das manuelle Nachschieben des festen Stops überflüssig.

Wenn der Trailing Stop für bestimmte Trading-Strategien sehr gut geeignet ist, lässt er sich fürs Scalpen nur bedingt einsetzen. Der Grund ist die unberechenbare Volatilität im Mikrobereich des Scalpings. Es lässt sich nur schwer ein fester Wert ermitteln, bei dem der Trailing Stop „optimal" eingesetzt werden kann. Zumindest beim „normalen Scalpen" konnte ich bislang keinen Mehrwert für den Einsatz des Trailing Stops erkennen. Zu oft wurde die

Position vom Trailing Stop aus dem Markt geholt, während dies von der Beobachtung des Heikin Ashi-Charts noch gar nicht zwingend gewesen wäre.

Bewährt hat sich der Trailing Stop bei Scalping-Positionen, die bereits weit im Gewinn waren (wie im Bild 16). Im Mini-DAX-Future sind dies meist Buch-gewinne von 20 Punkten und mehr. Hier benutze ich am (geschätzten) Ende der Bewegung gerne einen Trailing Stop mit kleinem Abstand zum aktuellen Markt, um das Maximum aus der Bewegung herauszuholen. Natürlich sind diese Scalp-Trades die Highlights der Woche. Leider treten sie nur hin und wieder auf. Sie verbessern aber die Wochen-Performance erheblich.

C. Der Lineare Stop

Bild 17: Lineare Stop

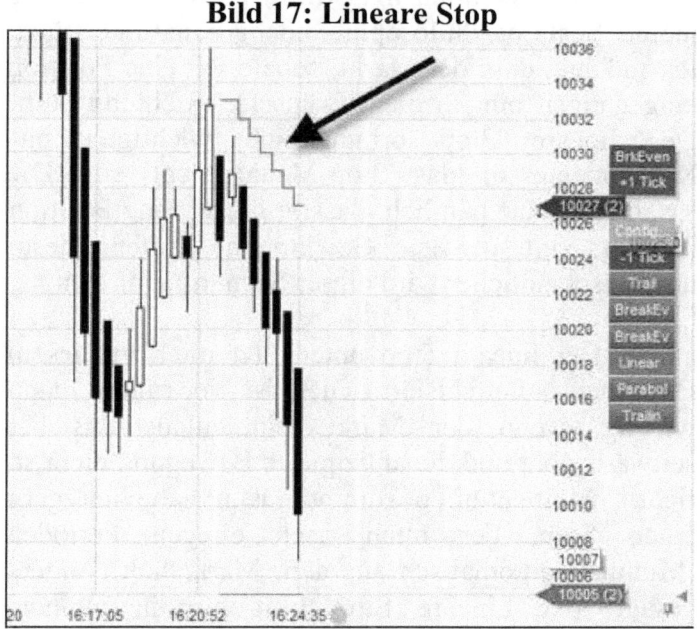

Eine ganz andere Stop-Art ist **der Lineare Stop**, den meines Wissens nur der Broker WHSelfinvest anbietet. Im Gegensatz zum Trailing Stop folgt der lineare Stop nicht dem Marktpreis, sondern wird pro Periode in einem bestimmten Abstand nachgezogen. Scalpt ein Trader den Mini-DAX-Future auf Basis des 1-Minuten-Charts könnte der Lineare Stop zum Beispiel jede Minute um den Faktor 2 Punkte nachgezogen werden. Dies geschieht völlig unabhängig von der aktuellen Marktbewegung. Der lineare Stop steigt mit jeder Periode um einen festen Wert. Er sieht somit im Chart wie eine kleine Treppe aus (Bild 17).

Ich persönlich mag diese Funktion, weil sie meine Scalping-Philosophie hochgradig unterstützt. Ich möchte, dass der Markt, sobald ich eine Position eingegangen bin, in die gewünschte Richtung läuft. Der lineare Stop bringt eine wichtige Zeit-Komponente in das Stop-Management ein. Die Erfahrung lehrt nämlich, dass je länger eine Position braucht, um in den Gewinn zu laufen, desto unwahrscheinlicher wird dieses Szenario eintreten.

Der lineare Stop unterstützt mich in diesem Bestreben automatisiert. Dies ist vor allem dann wichtig, wenn der Markt minutenlang unsicher seitwärts geht und die antizipierte Bewegung nicht so richtig Momentum bekommt. Dann habe ich gern einen Stop, der mich nach einigen Perioden (Minuten) automatisch aus dem Markt holt. Anders gesagt: der Lineare Stop hilft mir in meinem Bemühen um Disziplin!

D. Der Zeit Stop

Die radikalere Variante des Linearen Stops ist der Zeit Stop. Wie der Name schon sagt, arbeitet der Zeit Stop mit einer Zeitbegrenzung. Er schließt die Position nach einer vorab festgesetzten Anzahl Perioden automatisch, unabhängig davon, wie sich der Markt in dieser Zeitspanne entwickelt hat. Dies klingt zunächst nach einer sehr rigorosen Maßnahme, aber auch hier zeigt die Erfahrung, dass ein Trade, der nach einer bestimmten Zeit das erwartete

Szenario nicht einlöst in den meisten Fällen am besten geschlossen wird, unabhängig von Gewinn oder Verlust.

Ein Scalper im Mini-DAX-Future könnte zum Beispiel die Erfahrung gemacht haben, dass die meisten seiner Gewinn-Positionen nach weniger als 8 Minuten geschlossen wurden. Wäre es dann nicht sinnvoll, diese Periode als Begrenzung im System automatisch einzubauen? Natürlich sollte der Scalper vorab mit dieser Funktion experimentieren, bevor er sie tatsächlich in sein System implementiert. Aber die Vorteile dieser Stop-Art liegen meines Erachtens auf der Hand, gerade im schnellen Spiel des Scalpings. Außerdem schließt dieser Stop die Position zum Marktpreis. Der Markt müsste also nicht erst zurückkommen (und somit Gewinne wieder abgeben). Natürlich besteht hier das Risiko, dass der Trade zu früh geschlossen wird und potentielle Gewinne nicht realisiert werden. Hier bestünde natürlich die Möglichkeit, dass der Trader, den Zeit Stop aus dem Markt holt und durch eine andere Stop-Art ersetzt.

Eine Warnung sei allerdings ausgesprochen. Da der Zeit Stop kein festgesetztes Preis-Niveau hat trägt er natürlich ein unbegrenztes Risiko in sich. Er muss von daher von vornherein mit wenigstens einer zusätzlichen Stop-Funktion kombiniert oder verknüpft werden, damit dieses Szenario nicht eintritt. Dies könnte zum Beispiel ein fester Stop sein oder ein Trailing Stop.

E. Der Parabolic Stop

Bild 18: Parabolic Stop

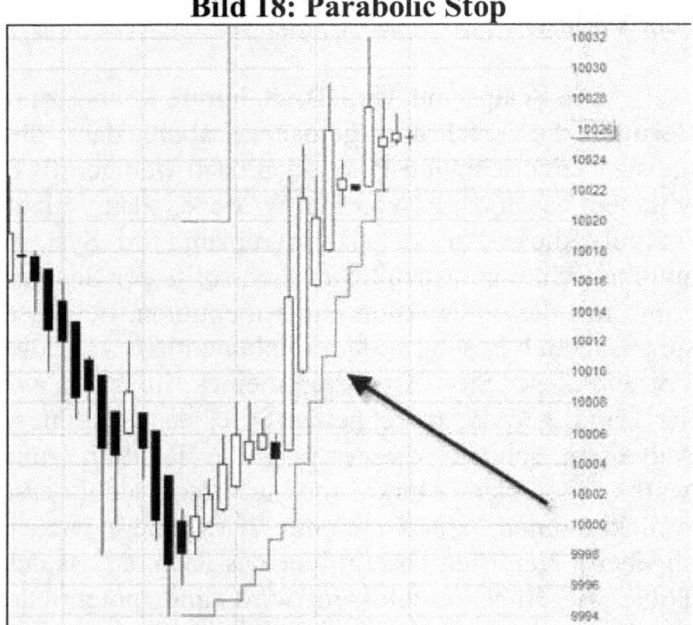

Eine besonders raffinierte Variante ist der **Parabolic Stop**. Der Name suggeriert es schon. Dieser Stop bekommt, wenn er zur vollen Entfaltung kommt, die Form einer Parabel. Die Anzahl der Perioden, der Neigungsgrad und die maximale Steigung werden vom Trader vorab festgelegt. Natürlich bedarf es hier einiges an Übung auf einem Demo-Account, bis der Scalper die optimale Einstellung für den Mini-DAX-Future findet.

Die Idee hinter dieser Funktion ist, dass eine Marktbewegung irgendwann Momentum aufnimmt und der Kursverlauf mit der Zeit „beschleunigt".

Genau dieser Tatsache trägt der Parabolic Stop Rechnung, indem er nachgezogen und um den Faktor der Steigung beschleunigt wird, bis die maximale Steigung erreicht wird. Er eignet sich von daher gut für schnelle Bewegungen, was genau das Feld des Scalpers ist.

F. Stop Order verknüpfen

Es ist eine besondere Eigenart des Nanotraders des Brokers WHSelfinvest, das er eine **offene Architektur** hat. Es lassen sich mit anderen Worten unzählige Funktionen miteinander verknüpfen und kombinieren. Der Scalper kann diesen Vorteil nutzen, indem er seine Exit-Strategie daraufhin optimiert, dass er das Beste aus allen Welten kombinieren kann. Die hier vorgestellten Stop Orders können alle miteinander verknüpft werden. Ein Beispiel hatte ich bereits erwähnt. Der Nachteil des Zeit Stops (unbegrenztes Risiko) kann durch eine einfache Verknüpfung mit einem festen Stop neutralisiert werden.

Aber auch weitere interessante Kombinationen sind denkbar. Der Scalper kann den Trailing Stop mit dem Zeit Stop verknüpfen. Bei einem plötzlich eintretenden Seitwärts-Geschiebe im Markt bleibt der Trailing Stop auf einem bestimmten Niveau stehen. Wenn dieser nun mit einem Zeit Stop verknüpft wurde, schließt dieser die Position zum Marktpreis bevor dieser auf das Niveau des Trailing Stops zurückfällt.

G. Multiple Stops und Multiple Targets

Der Nanotrader ist die einzige Trading-Plattform, die Ein- und Aussteigen in mehreren Schritten ermöglicht. Sind Sie zum Beispiel zum Preis von 9000 Punkten 3 Kontrakte long im Mini-DAX-Future sind, können Sie für jeden Kontrakt eine Verkaufsorder auf einen unterschiedlichen Preis setzen. Das sähe dann zum Beispiel so aus:

K1 Kursziel: 9010

K2 Kursziel: 9015

K3 Kursziel: 9020

Nehmen wir an, das Kursziel für Kontrakt 1 (K1) wurde erreicht. Der Trader ist jetzt noch 2 Kontrakte long, mit jeweiligen Kurszielen von 9015 und 9020. Die Stop Order passt sich dann entsprechend der verbliebenen Kontrakte an.

Geld wird an der Börse mit Exit-Strategien verdient!

Ich hoffe, dass ich mit diesem Exkurs zu den verschiedenen Stop-Funktionen die Möglichkeiten aufzeigen konnte, die dem Trader heutzutage dank modernster Technik zur Verfügung stehen. Letztlich geht es immer darum, die Exit-Strategie zu entwickeln, die am besten zur Methode und der Persönlichkeit des Scalpers passt. Manch einer wird es bei einem festen Stop halten, aber andere Trader könnten die Vorteile eines Linearen Stops oder eines Parabolic Stops für sich nutzen. Auch hier ist nichts in Stein gemeißelt. Denkbar ist natürlich auch, dass avancierte Trader verschiedene Stop-Funktionen je nach Marktlage kombinieren. Ziel sollte aber immer die Optimierung des Gewinns und die Reduzierung der Verluste sein.

Auch sehr erfahrene Trader lernen hier im Übrigen nie aus. Exit-Strategien gehören zum schwierigsten Teil des Börsen-Geschäfts. Schließlich wird hier das Geld verdient (und nicht bei den Entries, was die allermeisten Anfänger glauben). **Eine effiziente Exit-Methode** muss schließlich von jedem Trader selber erarbeitet werden. Ein Buch wie dieses kann dazu lediglich Anregungen geben. Eine definitive Aussage, wie und wann eine Position zu schließen sei, kann ich hier nicht geben. Jede Marktsituation ist anders und die innere Struktur der Märkte ändert sich permanent.

Ein Trader oder Scalper ist demnach jemand, der permanent an seiner Exit-Strategie feilt. Entscheidend ist, dass die Trading-Tools irgendwann automatisch vom Scalper eingesetzt werden. Die ganze Konzentration gilt dann dem Marktgeschehen und nicht der Technik. Nur die Handlungen, die man quasi unbewusst vollziehen kann, weil man sie schon so oft gemacht hat, können als wirkliche Erfahrung gelten. Erfahrene Trader müssen nicht mehr darüber nachdenken, eine Gewinn-Position durch das Nachschieben eines Stops oder das Einsetzen eines Trailing Stops zu sichern. Sie tun es einfach.

Weiterentwicklung der Marktanalyse

Sie haben in diesem Buch eine ganze Reihe an Tools kennen gelernt, mit denen Sie gewiss sehr präzise scalpen können. Obwohl Scalpen in meinen Augen primär eine mentale Fähigkeit ist, lohnt es sich einen Blick zu werfen auf das, was Computertechnik heute an zusätzlichen Informationen zu bieten hat.

a. Key Price Levels

Es ist unbestritten, dass bestimmte Preis-Niveaus der vergangenen Handelstage von den Marktteilnehmern auch am aktuellen Handelstag beachtet werden. Diese Schlüsselniveaus dienen dem Trader sozusagen als Orientierung. Und je nach Stärke oder Schwäche des heutigen Tages werden diese Levels eher als Unterstützung oder als Widerstand fungieren.

Das Instrument „Key Price Levels" basiert vor allem auf drei relevanten Schlüsselniveaus:
- Die Initialbalance (Range im Future zwischen 8h und 9h)
- Das Gleichgewichtslevel einer Sitzung
- Die Wert-Zone (Value Zones) des Marktes
Wichtige Levels sind unter anderem:
- Open: Eröffnungspreis des Futures
- Close: Schlusspreis des Futures
- Untere Grenze der Range der ersten Stunde (Initial Balance)

- Obere Grenze der Range der ersten Stunde (Initial Balance)
- Equilibrium: die dichteste Akkumulation möglicher Preislevels
- Untere Grenze der Wert-Zone (70 % der meisten Preisnotierungen)
- Obere Grenze der Wert-zone (70 % der meisten Preisnotierungen)

Bild 19: Key Price Levels

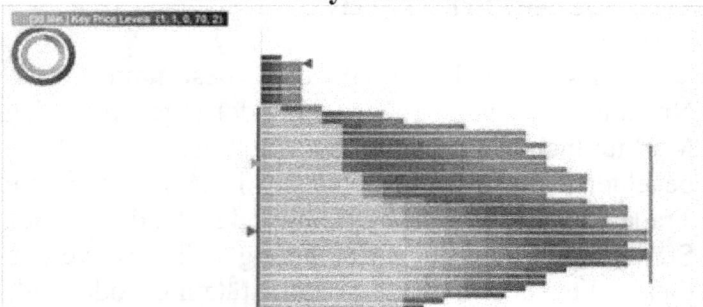

Das Programm „Key Price Levels" berechnet all diese Daten automatisch und projiziert dann das Ergebnis komprimiert im Chart. Auf dieser Weise ergibt sich eine Auswertung auf Basis einer Gauß-Verteilung der gestrigen Kursnotierungen (statistische Normal-verteilung oder Glockenkurve).

Der Trader bekommt auf diese Weise sehr wertvolle Informationen in Bezug auf die ausgeführten Orders des vergangenen Tages. Kombiniert mit anderen Informationsquellen, wie

Histogramme oder auch Time & Sales, können somit Rückschlüsse auf mögliche Trading-Levels gemacht werden.

b. LiveStatistics

Im diskretionären Handel entscheidet der Trader oft „nach Gefühl" ob er long oder short gehen soll. Zwar kann man gewisse Regeln voraussetzen, wie dies zum Beispiel in meiner Methode der Fall ist. Die Handelsentscheidung basiert dann auf der „Erfahrung" des Traders, wie gut er künftige Marktbewegungen antizipieren kann. Für manche Trader reicht diese Information aber nicht aus, um wirkliche Signale zum Handeln zu generieren. Sie verlangen Informationen, die auf die statistische Analyse einer großen Menge von Daten der Vergangenheit basiert. Für diese Trader kann das Tool **LiveStatistics** als zusätzliche Informationsquelle interessant sein.

LiveStatistics ermittelt in Echtzeit, wie oft vergleichbare Formationen in der Vergangenheit aufgetreten sind. In Echtzeit heißt dies, dass alle vergangenen Fälle in jeder Situation neu analysiert werden! Basierend auf dieser historischen Kursanalyse werden Projektionen für den aktuellen Kurs im Chart dargestellt.

Bild 20: LiveStatistics im Mini-DAX-Future

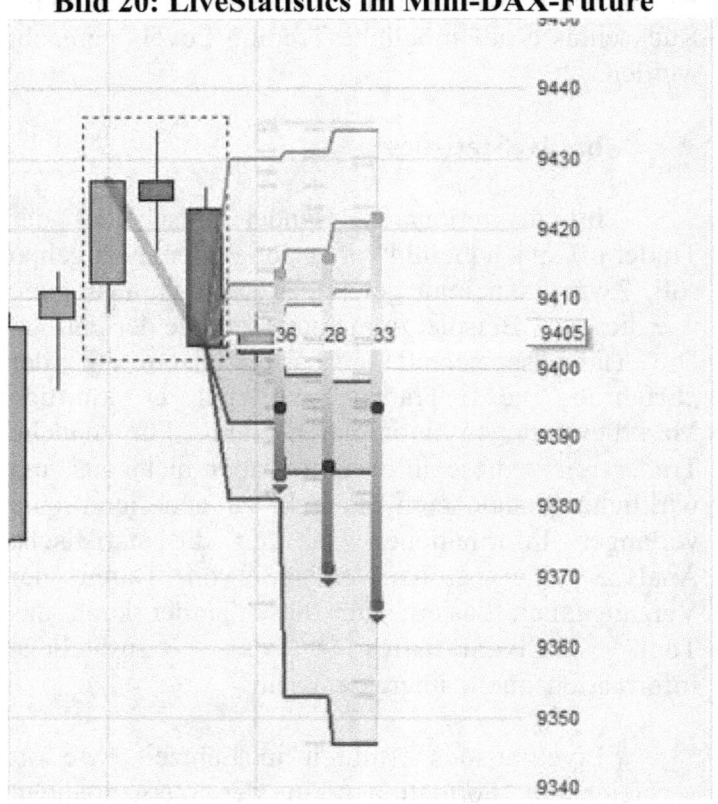

LiveStatistics projiziert in diesem Beispiel im Mini-DAX-Future mögliche Preislevels, die die Kurse, auf Basis von einer Vielzahl ähnlicher Fälle in der Vergangenheit, erreichen könnten. Zudem zeigt es auch wie häufig diese Fälle vorgekommen sind. Somit verfügt der Trader über empirische Daten der Geschehnisse der Vergangenheit.

Zwar kann das Tool die Zukunft nicht vorhersagen, aber es liefert dem Trader Daten mit einer Wahrscheinlichkeits-Einschätzung. Dies ist in vielen Fällen nützlich und zwar aus verschiedenen Gründen:

- Der Trader bekommt eine realistische Einschätzung wie weit sich der Kurs über eine bestimmte Periode entwickeln könnte. Dies kommt unrealistische Erwartungen bezüglich der Kursentwicklung zuvor.
- Bestimmung von Stop-Niveaus und Gewinnziel. Diese Levels werden im Tool sichtbar.
- Die Daten können ein Signal, die eine Strategie erzeugt hat, bestätigen oder auch nicht.

Schlusswort

Ich hoffe, lieber Leser, liebe Leserin, Ihnen mit diesem Buch ausreichende Informationen zum Scalpen des Mini-DAX-Futures geliefert zu haben. Sollten Sie zu dem Thema noch Fragen haben, können Sie mich jederzeit per E-Mail erreichen.

Ich bedanke mich bei Ihnen, lieber Leser, für das Kaufen dieses Buches und wünsche Ihnen viel Erfolg beim Scalpen!

Heikin Ashi Trader

pdevaere@yahoo.de

Glossar

Aktienindex: Kennzahl für die Kursentwicklung des Aktienmarktes insgesamt oder einzelner Aktiengruppen (zum Beispiel DAX).

Ask: Englische Bezeichnung für Briefkurs

Bid: Englisch für Nachfrage (Kaufkurs)

Break Even: Englisch für Gewinnschwelle

Candlestick: Darstellungsform von Kursveränderungen auf Basis einer japanischen Analysetechnik

CFD: Contracts for Difference oder Differenzkontrakte

Countertrend: Gegenbewegung im Rahmen des Haupttrends

CRV: Chance-Risiko-Verhältnis

DAX: Deutsche Aktien Index

Doji: Candlestickformation bei der Eröffnungs- und Schlusskurs auf gleicher Höhe liegen.

Entry-Strategie: Eine Strategie, die den Eintritt in einen Markt bestimmt

E-Mini-Future: Future-Kontrakt auf den amerikanischen Index SP500

Eurex: European Exchange, elektronische Terminbörse, an der Futures und Optionen gehandelt werden

Exit-Strategie: Eine Strategie, die den Austritt aus einem Markt bestimmt

Forex: Forex Exchange Market, internationaler Devisenmarkt

Fortsetzungsformation: Pause im Haupttrend, bei dessen Abschluss die vorherige Richtung wieder aufgenommen wird

Futures: Terminkontrakt. Standardisierter Vertrag über den Kauf oder Verkauf einer bestimmten Menge einer Ware, zu einem festgelegten Preis, an einem bestimmten Datum

Gap: Kurslücke zwischen zwei Handelstagen

Heikin Ashi: Japanisch für „auf einem Fuß balancieren". Japanische Darstellungsform von Kursveränderungen.

Hexensabbat: Verfallsdatum, an dem Terminkontrakte wie Futures und Optionen an einer Derivatenbörse verfallen

Indikator: Kennzahl der Technischen Analyse, die der Bestimmung von Kursverläufen von Wertpapieren dient.

Kommissionen: Kosten, die beim An- und Verkauf von Wertpapieren oder Terminkontrakten anfallen.

Kontraktwert: Wert der kleinsten Preisänderung in einem Future in Euro ausgedrückt.

Auch: Wert, welcher sich auf eine Option oder einen Future bezieht.

Limit Order: Order mit festgelegtem Preis und/oder festgelegter Zeit für die Ausführung.

Lineare Stop : Eine Stop-Order, die pro Periode in einem bestimmten Abstand zum Einstiegspreis automatisch nachgezogen wird.

Liquidität: Beschreibt im Börsenhandel, in welchem Maß ein Wertpapier jederzeit ver- und gekauft werden kann.

Long: Long zu sein heißt, Wertpapierbestände gekauft und damit im Besitz zu haben.

Margin: Sicherheitsleistung, die ein Anleger für den Erwerb eines Futures-Kontraktes zu hinterlegen hat.

Market Maker: Banken oder Wertpapierhäuser, die die Verpflichtung übernehmen, für einzelne oder mehrere Wertpapiere jederzeit für bestimmte

Mindestmengen verbindliche An- und Verkaufskurse zu stellen.

Mini-Dow: Future-Kontrakt auf den amerikanischen Index Dow Jones Industrials

Momentum : Das Momentum informiert den Anleger über das Tempo und die Stärke einer Kursbewegung.

Multiple Targets: Unterschiedliche Kursziele für einzelne Kontrakte.

Opportunitätsfaktor : Faktor, der bestimmt wie viele Trading-Chancen innerhalb eines bestimmten Zeitraums möglich sind.

Optionsschein: Englisch: Warrant. Wertpapiere, die an einer Börse gehandelt werden, in der Regel mit einem Hebel.

Orderbuch : Hilfsbuch des Maklers, in dem alle für die Kursentwicklung relevanten Kauf- und Verkaufsaufträge gesammelt werden. Heute in der Regel elektronisch.

Parabolic Stop : Der Parabolic Stop zieht das Aktivierungsniveau von Periode zu Periode näher an den Kurs heran. Dies gibt ihm die charakteristische parabolische Kurve.

Payoff-Ratio: Verhältnis durchschnittlicher Gewinn zum durchschnittlichen Verlust

Pip: Englisch: percentage in point, kleinste Änderung im Preis im Devisenhandel.

Re-Entry: Erneuter Einstieg in den Trade nach einem misslungenen Versuch.

Short-Position: Ein Trader ist short, wenn er eine Position verkauft, ohne sie zu besitzen (Leerverkauf).

Slippage: Die Differenz zwischen dem veranschlagten und dem tatsächlichen Preis beim Wertpapierkauf.

Spinning Top: Chartmuster mit kleinem Körper und langen Schatten.

Spread: Differenz zwischen An- und Verkaufspreis

Stop-Loss-Order: Verkaufsauftrag, der bestens ausgeführt wird, sobald ein bestimmter Kurs erreicht wird.

Terminmarkt: Der ökonomische Ort, an dem Angebot und Nachfrage nach Termingeschäften aufeinandertreffen.

Tic: Kleinste Preisveränderung an einem Futures-Markt.

Time & Sales: Vollständige Übersicht aller Kauf- und Verkaufsaufträge eines Marktes.

Trailing Stop: Automatisch nachgezogene Stop-Loss-Order.

Trend following: Trading-Strategie, die auf das Folgen eines einmal identifizierten Trends setzt.

Trendtag: Handelstag an der Börse, der von einem klar identifizierbaren Trend gekennzeichnet ist.

Underlying: Englisch für Basisinstrument.

Verfallstermin: Fälligkeitsdatum eines Derivats.

Volatilität: Standardabweichung. Gibt an, wie stark ein Kurs schwankt.

Wirtschaftskalender: Kalender mit kursrelevanten Börsenterminen.

Zertifikat: Schuldverschreibungen, die über derivative Komponenten verfügen.

Zeit Stop: Diese Order schließt eine Position nach einer vorab festgesetzten Anzahl Perioden automatisch.

Zinsentscheidung: Beschreibt ein Ereignis, an dem Zentralbanken die Entscheidung über den weiteren Verlauf von Leitzinsen bekannt geben.

Weitere Bücher des Heikin Ashi Trader

(sowohl als E-Book als in Print erhältlich)

Wie starte ich mit 500 Euro ein Trading-Business?

Viele Trader haben am Anfang nur wenig Geld für's Traden zur Verfügung. Dies muss aber kein Hindernis sein, trotzdem eine Trader-Karriere ins Auge zu fassen.

Allerdings geht es in diesem Buch nicht darum, wie man aus 500 Euro 500.000 Euro erwirtschaftet. Es sind gerade die überzogenen Rendite-Erwartungen, welche die meisten Anfänger zum Scheitern bringen.

Stattdessen zeigt der Autor realistische Wege auf, wie man trotz eines kleinen Startkapitals zu einem hauptberuflichen Trader werden kann. Und dies gilt sowohl für Trader, die privat bleiben wollen, als auch für diejenigen, die irgendwann Kundengelder traden wollen.

Dieses Buch zeigt Schritt für Schritt, wie Sie das schaffen können. Ergänzend gibt es noch einen konkreten Aktionsplan für jeden einzelnen Schritt. Jeder kann im Prinzip Trader werden, wenn er bereit ist zu lernen, wie dieses Geschäft wirklich funktioniert.

Inhaltsangabe

Wie entwickle ich eine profitable Trading-Strategie?

Warum Sie das Gegenteil von dem tun sollten, was die Masse der Trader versucht

Trader gehen an die Börse aus keinem anderen Grund als um Punkte, Tics und Pips zu sammeln. So viel wie möglich und so schnell wie möglich. Sie brauchen daher eine Strategie, die genau dies leistet: permanent kleine Gewinne anhäufen, die sich irgendwann zu einem stattlichen Plus auf dem Konto summieren.

Damit dies gelingt, nimmt der Autor die klassische Empfehlung „Verluste begrenzen, Gewinne laufen lassen" unter die Lupe. Und er wagt in diesem Buch genau das Gegenteil von diesem gutgemeinten Ratschlag: Gewinne so klein wie möglich halten und Verluste möglich groß wählen.

Im zweiten Teil des Buches unterzieht er eine Strategie, die mit dieser These arbeitet, einem ausführlichen Test. Und die historischen Backtests geben ihm Recht. Wenn Trader das Gegenteil von dem tun, was die Masse versucht, haben Sie endlich Erfolg!

Inhaltsverzeichnis

Scalpen macht Spaß! 1-4
Vier Bücher in einem!

Buch 1: Traden mit dem Heikin Ashi-Chart
1. Willkommen zu Scalping macht Spaß!
2. Wie funktionieren Märkte?
3. Was ist Trading?
4. Was ist Scalping?
5. Der Heikin Ashi-Chart
6. Das Scalping-Setup
7. Risiko- und Money-Management
8. Treffen Sie eine Entscheidung!
Buch 2: Beispiele aus der Praxis
1. Scalpen mit Technischer Analyse?
2. Wie interpretiere ich Heikin Ashi-Charts?
3. Wann steige ich ein?
4. Wann steige ich aus?
5. Arbeiten mit Kurszielen oder nicht?

4. Warum schnelles Scalping besser ist als wenige überlegte Trades
5. Disziplin ist leichter im Flow
6. Warnzeichen und Kontrollinstrumente
7. Seien Sie aggressiv, wenn Sie gewinnen und defens

Über den Autor

Heikin Ashi Trader wird weltweit als der Spezialist für Scalping mit dem Heikin Ashi Chart betrachtet. Er tradet auf dieser Weise seit 19 Jahren. Er hat für einen Hedgefonds gehandelt und machte sich dann als Trader selbständig. Sein Scalping-Buch "Scalpen macht Spaß!" ist ein internationaler Bestseller und wurde mehr als 30.000 Mal verkauft. Auf seiner Website www.heikinashitrader.net finden Sie weitere Informationen über seine Scalping-Methode.

Mit über 30.000 verkauften Exemplaren weltweit, ist der Bestseller "Scalpen macht Spaß!" jetzt auch als **Online-Kurs** erhältlich!

Entdecken Sie, wie einfach scalpen sein kann mit der Heikin Ashi-Methode.

Schauen Sie sich den kostenlosen Workshop dazu an, der Ihnen genau darüber informiert, was Sie im Kurs bekommen!

Für weitere Informationen besuchen Sie bitte: www.heikinashitrader.org